品牌理论与哲学范式

交往实践唯物主义及哲学比较视阈

郑林源 著

企业管理出版社

图书在版编目（CIP）数据

品牌理论与哲学范式：交往实践唯物主义及哲学比较视阈 / 郑林源著. -- 北京：企业管理出版社，2020.11

ISBN 978-7-5164-2092-8

Ⅰ.①品… Ⅱ.①郑… Ⅲ.①马克思主义哲学 - 应用 - 品牌 - 企业管理 Ⅳ.① F273.2-02

中国版本图书馆 CIP 数据核字 (2019) 第 299462 号

书　　名	品牌理论与哲学范式：交往实践唯物主义及哲学比较视阈
作　　者	郑林源
责任编辑	赵　琳
书　　号	ISBN 978-7-5164-2092-8
出版发行	企业管理出版社
地　　址	北京市海淀区紫竹院南路17号　邮编：100048
网　　址	http://www.emph.cn
电　　话	编辑部（010）68416775　发行部（010）68701816
电子信箱	qygl002@sina.com
印　　刷	河北宝昌佳彩印刷有限公司
经　　销	新华书店
规　　格	710mm×1000mm　1/16　15印张　163千字
版　　次	2020年11月第1版　2020年11月第1次印刷
定　　价	88.00元

版权所有　翻印必究·印装有误　负责调换

目 录

绪 论 交往实践唯物主义与品牌理论创新

第一节 问题提出 ………………………………………… 003

第二节 西方现代哲学范式与西方两类品牌理论 ………… 005

第三节 交往实践唯物主义为克服西方品牌理论重大缺陷
提供指导 ……………………………………………… 009

第四节 交往实践观下的品牌研究 ………………………… 012

第五节 研究目的和方法 …………………………………… 016

第一章 西方现代哲学范式及其品牌理论

第一节 西方现代哲学范式综述 …………………………… 021

第二节 实用主义的品牌观及其哲学范式 ………………… 027

第三节 西方三大独立品牌理论体系蕴含的哲学范式 …… 035

第四节 马丁·林斯特龙的非理性主义品牌观蕴含的
哲学范式 ……………………………………………… 043

第五节 文化偶像品牌理论及其内在哲学范式 …………… 049

第六节 西方现代品牌理论与消费主义 …………………… 053

001

第二章　后现代哲学范式及其品牌观

　　第一节　后现代哲学范式综述 …………………………… 067

　　第二节　贯穿后现代哲学范式的营销理论及其
　　　　　　品牌范畴 ………………………………………… 071

　　第三节　"品牌即信誉主体与信任主体的关系符号"的
　　　　　　内在哲学范式 …………………………………… 083

　　第四节　超常消费与鲍德利亚消费符号的内在
　　　　　　哲学范式 ………………………………………… 088

第三章　马克思主义哲学交往实践观下的品牌观（上）

　　第一节　交往实践观和《资本论》对品牌研究的意义 …… 099

　　第二节　品牌理论与垄断资本全球化——《资本论》
　　　　　　视阈 ……………………………………………… 109

　　第三节　品牌的本质：品牌是特殊的商品 ……………… 127

　　第四节　品牌的本质：广义社会符号化理论下的品牌符号 … 144

　　第五节　品牌和企业品牌文化与消费（社会）价值观 …… 161

第四章　马克思主义哲学交往实践观下的品牌观（下）

　　第一节　当代中国的消费品牌化与消费主义 …………… 179

　　第二节　社会主义核心价值观下的品牌示范：中医
　　　　　　哲学与中医药企业品牌文化建设 ……………… 187

　　第三节　社会主义核心价值观下的品牌示范：海尔
　　　　　　"人单合一"的管理哲学与品牌核心理论 …… 199

参考文献

后　记（一） 哲学与市场营销——我的市场营销理论创新之路

后　记（二） 探求品牌本质的历程

绪 论
交往实践唯物主义与品牌理论创新

导读

第一节　问题提出
第二节　西方现代哲学范式与西方两类品牌理论
第三节　交往实践唯物主义为克服西方品牌理论重大缺陷提供指导
第四节　交往实践观下的品牌研究
第五节　研究目的和方法

第一节 问题提出

对品牌及其意义概念的界定不是唯一的，不同哲学范式下，品牌及其意义有着不同的含义。在西方近现代哲学"单一主体—客体"范式下，品牌是客体，是品牌所有者的虚拟代言者，其意义或指观念的内涵，或指语义（主要指词语的称谓）。在后现代哲学主体际范式下，品牌仅是意义或是多极主体的共同指向性，或是认为品牌意义应当摒弃，只指文本而已。在马克思主义哲学交往实践观下，品牌是多极主体的中介客体、多极主体的交往纽带，其意义就是交往实践诸要素间的相互所指性。

改革开放以来，我们从国外学习和引进了诸多的品牌理论。品

品牌理论与哲学范式：交往实践唯物主义及哲学比较视阈

牌在不同的哲学范式当中有不同的本质界定和不同的意义与价值，要区分之，就必须明白各种品牌理论所包含的哲学范式。这是我们进行理论创新必须要做的基础工作。当前，我们在品牌理论和实践方面仍处于模仿西方品牌理论阶段，也就是说，处于模仿"主体—客体"范式下的品牌理论或主体际范式下品牌理论的状态。国内学术界对品牌本质在哲学层面进行研究和揭示者甚少，从仅有的一些研究著述来看，在哲学范式的理解上也较混乱。所以，有必要正本清源，对西方品牌理论背后的哲学范式进行揭示。

马克思主义哲学和社会主义核心价值观下的品牌核心理论应该如何创建？国内高校的学者、咨询行业的专家、各大企业的高层，深入思考、认真解决这个问题的寥寥无几。

在个人首部研究哲学与市场营销内在关联的专著《出位之后：消费者利益和价值论视野下的市场营销》出版至今多年的时间里，我主要精力放在对西方市场营销理论哲学范式的揭示上，对品牌本质的认识逐渐深入并渐成体系。2018年，在山东曲阜召开的第八届中国商业文化与管理学术会议上，几位教授分别找我交流"哲学范式与管理、哲学范式与营销"等观点，使我认识到有必要把自己探索的结果系统整理出来，以供大家参考使用。

第二节 西方现代哲学范式与西方两类品牌理论

一、哲学与品牌理论的关系

哲学是文化的根本（张东逊），表明哲学与各门具体学科之间存在内在关系。马克思主义哲学与各门具体学科存在着普遍与特殊的关系，马克思主义哲学为各门具体学科提供世界观和方法论的支持。哲学思想贯穿在具体学科的研究中，这是不以人的意志为转移的，问题只是在于又什么样的哲学观点支配。哲学与品牌理论之间的关系也不例外。

现代西方哲学一般不包括马克思主义哲学，当代中国哲学是指中国化的马克思主义哲学，它们对品牌理论有着深刻的影响。西方现代哲学有两种哲学范式：一是西方现代哲学的"主体—客体"哲学范式；一是后现代的主体际哲学范式，即"主体—主体"哲学范式。

二、两种哲学范式下品牌本质研究的梳理

首先，本书解读了诸多品牌理论体系所蕴含的哲学范式，梳理出两类品牌理论："单一主体—客体"哲学范式下的品牌理论和主体际哲学范式下的品牌理论。

1. 西方品牌理论的"单一主体—客体"哲学范式主要在第一章做出分析和归纳。

菲利普·科特勒等人在《市场营销原理》中建立了实用主义的品牌观，"刺激—反应"是实用主义的基本范式，而这一范式本质上是"单一主体—客体"哲学范式。

马克·E.佩里在《战略营销管理》中以"手段——→目的"链为基本范式建立自己的品牌观，本质上这一范式是实用主义的"单一主体—客体"哲学范式。

戴维·阿克在《管理品牌资产》中界定的核心概念——"品牌资产"，在《创建强势品牌》中界定的核心概念——"品牌认同"（在《品牌领导》中，"品牌认同"则换成"品牌识别"）是"单一主体—客体"范式下的概念，其品牌理论体系具有"单一主体—客体"哲学范式的特征。

让·诺尔·卡菲勒在《战略性品牌管理》中阐述了自己的品牌理论体系，从其3个核心概念——品牌特性、品牌资产、品牌价值及其

内在联系来看，是"单一主体—客体"哲学范式下的概念。《战略性品牌管理》所表达的品牌理论体系蕴含着"单一主体—客体"哲学范式。

凯文·莱恩·凯勒在《战略品牌管理》中的品牌理论体系蕴含着"单一主体—客体"哲学范式。

马丁·林斯特龙在《买》《感官品牌：隐藏在购买背后的感官秘密》《品牌洗脑：世界著名品牌只做不说的营销秘密》等书中，给人们描述了一个非理性主义的"单一主体—客体"哲学范式的品牌观蓝图。

美国学者道格拉斯·B.霍尔特在《品牌如何成为偶像：文化式品牌塑造的原理》《文化战略：以创新的意识形态构建独特的文化品牌》中系统归纳了其"单一主体—客体"哲学范式的文化式品牌塑造打造偶像品牌的原理。

上述现代主义的品牌理论与消费主义具有共同的哲学范式，不可分割地联系在一起，是推进品牌资本不断扩张的理论依据。

上述这类品牌理论的缺陷：一是单一主体，即资本所有者是掌控资本运行的唯一主体；二是品牌是资本所有者用于操控消费者实现商品价值的手段，消费者也是资本局中的手段而已。品牌作为客体，是品牌所有者的虚拟代言者，其意义或指观念的内涵，或指语义（主要指词语的称谓）。

2.西方品牌理论的主体际哲学范式主要在第二章做出分析和归纳。

唐·舒尔茨和汤姆·邓肯各自的整合营销传播理论体系是以后现代主义主体际范式为内核的营销理论体系，其品牌理论透着后现代的意义和价值。

《品牌研究》2016年第1期（总第1期）有一篇《品牌即信誉主体与信任主体的关系符号》的文章，把品牌的本质界定为信誉主体与信任主体的关系符号，这是后现代主义的界定。

对营销理论的哲学内涵的误读、误解也导致了对品牌本质的误读。《整合营销传播理论批评与建构》一书的作者把建构实在论理解为"单一主体—客体"范式，把具有后现代主义特征的市场营销传播理论体系理解为没有理论范式的理论，进而用建构实在论重建市场营销传播理论体系的哲学底蕴。

以上这类品牌理论虽然强调了多主体之间的关系，但也存在重大的缺陷：主体之间没有中介客体，品牌不是以中介客体形式存在于主体际关系中，品牌仅是意义或是多极主体的共同指向性，或是认为品牌意义应当摒弃，只指文本而已。没有客体底版（品牌）的主体际关系，必然否定科技与生产的推动作用，当然也就否定了历史唯物主义的原理。

上述两大类观点是在对各种品牌理论的本质意义与价值解读后进行的归纳、分类，都存在缺陷。那么，在马克思主义哲学交往实践观视阈下研究品牌的意义与价值，意义在哪里？能否克服上述两大类品牌理论的缺陷呢？

第三节 交往实践唯物主义为克服西方品牌理论重大缺陷提供指导

交往实践唯物主义,即"主体—客体—主体"范式的马克思主义哲学交往实践观。

所谓交往实践,是指多极主体间通过改造或变革相互联系的客体的中介而结成网络关系的物质活动。交往实践认为,人类实践结构由"主体—客体—主体"三体构成,它贯穿着"主体—客体"与主体际双重关系。在这里,"中介客体"向多极主体开放,与多极主体同时构成"主体—客体"关系;作为异质主体的主体际关系,是建立在"主体—客体"关系上的,通过"中介客体"而相关和交往,并相互建立为主体的关系。西方现代哲学属于"主体—客体"两极模式，忽视了主体际关系和多极主体的存在。以往，对马克思主义哲学交往实践观的理解，将之归结为"主体—客体"两极模式；而后现代主义在解构"主体—客体"二分结构强调主体际存在的同时，又根本否定客体底版的存在。因此，交往实践是对传统实践观和后现代实践观的双重扬弃和超越，是对时代精神的反映。

交往实践唯物主义以"主体—客体—主体"为基本哲学范式，是马克思主义哲学交往实践观的本真之义。它建立于马克思主义哲学本体论、认识论、逻辑学等多位一体为基本内涵之上，是人与自然、人与社会辩证关系的集中体现，是与其他哲学体系不同的本质特征。"主体—客体—主体"哲学范式解决了"单一主体—客体"与"主体—主体"分割的关系，对于分析和突破西方品牌理论框架，提供了新视野。

在交往实践唯物主义下，品牌是多极主体的中介客体、多极主体的交往纽带，其意义就是交往实践诸要素间的相互所指性。在我国，社会主义核心价值观制约和导向着消费价值观。这是品牌意义与社会主义核心价值体系的内在关联。这样，就克服了西方哲学中"单一主体—客体"或无客体底版的主体际哲学范式的弊端。在马克思主义哲学交往实践观下，蕴含着"主体—客体—主体"哲学范式的品牌理论就能克服西方品牌理论的弊端——"单一主体—客体"哲学范式贯穿于品牌理论中或主体际哲学范式贯穿于品牌理论中。

哲学基本原理对具体学科的指导须经部门哲学为桥梁。交往实践的唯物主义"主体—客体—主体"哲学范式与品牌理论建立起深度关联，必须经过中介这一桥梁。经济哲学创新是市场营销理论和品牌理论创新的中介和桥梁。为揭示"主体—客体—主体"哲学范式下品牌的本质、机理,我采取了中介理论组合的方法,把劳动价值论、商品使用价值运行规律理论、消费者利益和价值论、广义"社会符号化"理论作为中介理论群。劳动价值论、商品使用价值运行规律理论,学过政治经济学或工商管理的读者比较熟悉,所以,本书不再阐述。消费者利益和价值论,是以商品为纽带的营销渠道成员间以目标市场主体为目的而不是手段的理论,我在《出位之后:消费者利益和价值论视野下的市场营销》中做了阐述,此处不详述。运用上述中介理论,分别或组合地从不同角度揭示品牌的本质意义。这是马克思主义哲学交往实践观视阈下研究品牌的意义与价值的思路。

第四节 交往实践观下的品牌研究

在马克思主义哲学交往实践观下研究品牌，首先要明确品牌是中介客体，品牌处于现实的商品经济交往实践环境中，品牌的意义与价值存在于现实的商品经济交往圈中。这个关系圈可用下文的图式表示。这个图式表明的是一个系统。这个系统中，不仅有主体间流动的商品流，还有与商品流相伴的货币流、信息流等，本书仅探讨与品牌相关的问题。这个系统与菲利普·科特勒界定的分销概念有着本质区别。

绪论　交往实践唯物主义与品牌理论创新

```
            商品、品牌           商品、品牌
生产者─────────中间商─────────消费者（主体）
            货币、信息           货币、信息
```

主体：生产者（所有者）、中间商、消费者等。中介客体：商品、品牌、货币、信息等。

1. 生产者（所有者）与商品（品牌）的"主体—客体"关系，包含着劳动价值的凝结，包含着具体劳动的物化（主要是消费者合理需求的物化）——使用价值，体现了劳动价值论、商品使用价值运行规律理论。

2. 消费者与商品（品牌）的"主体—客体"关系，包含着生产者（所有者）依据消费者的需要对商品或品牌主观设定的意义，即消费者主体需求的物化设定，其中包含着目标市场消费价值观或社会价值观的设定，既体现商品使用价值运行规律理论，又体现广义"社会符号化"理论。

3. 主体际关系。生产者（所有者）、中间商、消费者3者都处于主体地位，但他们的主体地位不是无差别的，有主动主体与受动主体的区别。

4. 商品与品牌关系。由于商品与品牌都是中介客体，它们的关系就是客体间的意义，也就是二者在共同指向主体过程中相互之间的相互作用。相对于商品整体而言，品牌的意义就是指向商品属性、功能的设定。

以上就是"主体—客体—主体"范式的图式化表述，总体上体现了消费者利益和价值论。《资本论》是贯穿这一哲学范式的伟大著

作（包含着劳动价值论、商品使用价值运行规律理论），是揭示品牌本质的基础理论。以交往实践观和《资本论》内在逻辑为基础，本书在第三章和第四章中展开对品牌理论的研究。

应当说，道格拉斯·B.霍尔特在《品牌如何成为偶像：文化式品牌塑造的原理》《文化战略：以创新的意识形态构建独特的文化品牌》中用足够的案例，以归纳的方法已经说明了品牌与意识形态、社会核心价值观的关系，而且证实了实践中的应用效果很显著。但是，品牌意义越来越被赋予消费意识的内涵，尤其是品牌可以代表价值观，其理论机理是什么？第三章第二节揭示出品牌理论产生的历史背景是文化和意识形态的商品化，并进一步通过承载着消费价值观或社会核心价值观的品牌的商品化揭示品牌理论在垄断资本主义全球化阶段的特殊功用——强化消费异化、强化虚假的意识形态、作为西方价值观全球化战略的工具。社会核心价值观有可能被设定为品牌的意义。

第三章第三节。按照交往实践唯物主义和《资本论》的逻辑，从商品与品牌关系上揭示品牌本质上是特殊的商品，而且是买方市场下商标（品牌）的特殊精神商品，具有商品二重性。商标（品牌）使用价值的本质属性是作为消费者利益和消费（社会）价值观客体化的载体，承载消费者消费（社会）核心价值观并控制目标市场的行为、使之定向选择；商标（品牌）的价值则遵循劳动价值论，在整体商品价值实现过程中其价值与商品体的价值叠加或分摊，同时在这个过程中商标（品牌）转化为商标（品牌）资产，商标（品牌）资产的实质是控制交换实现并能带来消费力的品牌资本（资本的出场形式）。这是以商品二重性理论和劳动价值论为中介理论揭示品牌本质的路径。

第三章第四节。广义"社会符号化"理论是交往实践"主体—客体—主体"范式的具体化理论，把它作为"主体—客体—主体"哲学范式的中介理论来看品牌的商品化、符号化及其运动过程和品牌符号的职能，并分析了"以索绪尔语言符号学为依据的品牌符号"的本质。这是以广义"社会符号化"理论为中介理论揭示品牌本质的路径，与第三章第三节的路径殊途同归。

第三章第五节进一步论述了"品牌可以承载消费（社会）价值观，品牌塑造和传播形成的品牌文化是消费（社会）价值观的转化途径，这是市场经济的内在要求"。在交往实践唯物主义视阈下，品牌与消费（社会）价值观的关系及转化工具有了新的内涵。用社会主义核心价值观指导品牌规划和塑造应成为中国企业的自觉行为。这是以商品作为特殊商品的使用价值运行规律为中介理论，对品牌内涵进行的研究路径。

改革开放以来，由于种种原因，消费主义在我国形成了思潮，存在品牌异化现象。社会主义核心价值观下的消费品牌化是抵制消费主义的有效途径之一。只有树立自有品牌才能在竞争中"开太平"，中医药行业执守信念的"老字号"及海尔"人单合一"的管理模式为我们树立了旗帜，是新品牌观的标杆。这是第四章的内容。

第五节 研究目的和方法

社会主义市场经济条件下,怎样发挥资本积极的一面并抑制其消极的一面是改革和发展必须面对的问题。从哲学范式上研究品牌就是为了把握本质,创建与社会主义市场经济和社会主义核心价值观相一致的品牌理论,以指导和推进实践,同时避免遁入被资本套牢的场景之中。

在研究方法上,本书返本开新。所谓返本,就是继承马克思的逻辑分析思想,继承老一辈马克思主义经济学者们的思路,继承钱学森关于各门学科内在关联的思路,继承任平的交往实践观,这在本书后记(一)《哲学与市场营销——我的市场营销理论创新之路》

一文中将做出说明。所谓开新,就是在继承基础上思考品牌和营销现象,从哲学范式、经济哲学范式比较的这一根基上解读西方品牌理论,开创马克思主义哲学交往实践观的品牌观。

第一章

西方现代哲学范式及其品牌理论

导读

第一节　西方现代哲学范式综述
第二节　实用主义的品牌观及其哲学范式
第三节　西方三大独立品牌理论体系蕴含的哲学范式
第四节　马丁·林斯特龙的非理性主义品牌观蕴含的哲学范式
第五节　文化偶像品牌理论及其内在哲学范式
第六节　西方现代品牌理论与消费主义

第一节 西方现代哲学范式综述

西方现代主义哲学实践观就是"单一主体—客体"哲学范式的实践观。

19世纪末到20世纪初叶,世界哲学的主题和主导性思维方式经历了从本体论、认识论阶段向实践论哲学阶段的转向。西方现代实践观,包括自近代以来的科学理性实践观(以皮尔士、詹姆斯为代表的美国实用主义,欧洲大陆的实证主义、证伪主义、历史主义和新实在论,分析哲学——本质上是语言实践论,结构主义和符号学),波普、胡塞尔、海德格尔的人本实践观及卢卡奇、葛兰西和萨特的西方马克思主义哲学等。其基本构架是"实践主体—实践客体"。

西方现代哲学实践观的基本特征如下所述。

1. 单一主体中心性。单一主体中心性是相对于客体而言的，它指人之自主性、人具有主观性及主体有自为性、创造性和实践性。

①人之自主性，即有自主思维、自主设计、自我创造等本源特性，是自由自生的存在。客体则被设计为服从主体、被主体设定、相对静止的对象世界的总和，是在"自在"地等待主体支配、设计和改造的承受者。

②人具有主观性，是具有自我意识、自觉反思把握能力和自由思维者，是智能化、"聪明"的主宰，具有意义追求的欲望的存在物。而客体则是被动的、无意识、无反思能力的对象物。

③主体有自为性、创造性和实践性。人是价值、意义之源，是在价值追求、创造和主动实践中来实现人自己需要的存在物。客体只是用来满足主体价值的价值对象，是被改造、被开化、被意向化的世界。

单一主体中心性有一系列表现：①权威独尊，主体地位不可分享；②独断论迷梦，对其他主体排斥必然导致单主体、单向度等级关系；③"单一主体—客体"实践关系；④单一片面"主体—客体"实践进程，忽略了实践在各主体之间运转；⑤实践发展动力仅来自"主体—客体"相互作用。单一主体中心性，一方面强调个性自由；另一方面强调个人利益之上，以"我"为中心目的。

2. 相对于单一主体的客体，即"主体—客体"相关律中的客体，其规定是相对于主体而言的。它与古代哲学的客体中心论相比，具有被动性、被设定性、底版性、对象性、物化等特点。主体活动是自主性的，而客体则是被动性的；主体是设定性的，而客体则是被设定性的；主体是主观性的，客体则是制约主体主观性的底版；主体是本性外化、创造性的，客体则是对象化、物化的；等等。"主体—客体"相关律中，客体只是与单一主体相关的对象存在：只指向单一主体性，也只有单一制约性，这是自发、必然的关系制约。

"主体—客体"框架对于客体的规定有其合理性。在区分主观与主体的同时区分客观与客体，将客体与主体在相关对应的意义上视为对象、被动性存在、底版等。其缺陷明显，表现为：其一，只相对于单一主体性，即单一指向性；其二，成为终结的、绝对化的底版；其三，这种对象化成为主体实践的终界，没有包括社会的交往关系在内。

3. 西方现代哲学中，意义理论的发展走向一个相对独立而又多元化的道路。特点有3个：①意义问题从观念论中独立出来，在"语言学转向"中成为语言的意义论，实践意义论上升为第一哲学；②科学主义和人本主义大分裂，导致意义解释的偏颇；③作为工业文明衰朽期的哲学，它一方面强化了近代西方哲学主体论框架的一系列特征，另一方面又不自觉暴露了工业文明晚期所带来的"意义错乱"和"意义丧失"的精神病症，为后现代主义哲学提供了某些启迪。

西方现代哲学意义论的困境有三，如下所述。

① 工具主义与目的意义的冲突。现当代资本主义科技所表征的**"主体—客体"**意义向度与商品普遍交换所表征的主体际交往关系意义向度深刻分裂、相互冲突。科学主义与人本主义意义论的大分裂是这一现实冲突的产物。

② 实践意义论与"主体—客体"两极模式的对立。实践意义论应当包含主体际，而现实的"主体—客体"两极模式与之对立。

③ 规范意义与语用学意义的矛盾。一些哲学家主张意义是规范的、具有某种绝对确定性，而日常语言学派、人本哲学主张意义的多元性、开放性和相对性。

现代哲学的分化，出现了科学主义与人本主义的对立，在内在逻辑上源于对康德问题的解答。康德的划界思维将经验与物自体分开，认为认知的对象和框架只能限定在经验范围内，而难以达至物自体。而经验和纯粹理性达不到者，实践理性却能达到。道德律令成为价值意义穿透本体的主要通道。

现代实证主义抛弃超验的形而上学或第一哲学，将自己限定在可实证的经验范围进行。实证主义对意义的理解主要集中在3个向度：一是在语言自指性上研究句法逻辑意义，意义仅指语言逻辑上的；二是指向对象，展开对指称和指谓问题的分析；三是指向单一主体的实效。而人本哲学则高扬实践理性，认为哲学本体意义是非理性的，抛弃人之外与人无涉的世界之真义，要把握作为人的非理性资质的主体性意义。尼采、胡塞尔、海德格尔、萨特、马尔库塞、弗洛姆都以不同思绪强调人化意义哲学，对实证主义做出批判。

4. 人学辩证法。以"主体的人"与"对象的世界"的关系作为辩证法的主轴，是"主体—客体"框架的辩证法。在表现上有认识论形态、历史—实践论形态、现象学与生存论形态、结构主义形态等。

认识论形态的辩证法是以单一认知主体为中心的辩证法，是人作为认知主体何以可能认识真理、进而能正确地把握世界总体的辩证法,有唯理论与经验论两种表现形式。

历史—实践论形态的辩证法是"主体—客体"互动的历史—逻辑或逻辑—历史,是德国古典哲学辩证法的主题。差异、对立与矛盾,肯定、否定、否定之否定,质、量、度,存在、本质、概念等辩证法范畴都是在"单一主体与客体"关系中被界定的。

以人为价值本位的辩证法采取了现象学和生存论形式,这是胡塞尔、海德格尔、萨特的辩证法。

结构主义形态有多种表现形式。皮亚杰以活动为中轴,以"主体—客体"为架构,建立了名为"发生认识论"实为结构主义(建构主义)的辩证法。符号互动论者布鲁默及库恩强调社会结构在各个社会角色间的符号互动中的辩证发生过程。实用主义基础上发展起来的美国操作主义,也是一种具有辩证思维和建构主义色彩的相对主义理论。

西方现代实践观缺陷有三,如下所述。

①实践框架中的单一主体中心性。单一主体中心性的缺陷:"主—客"框架将主体性变成了唯一中心性、同质性,实际上就是"大写的自我";"主体—客体"框架成为界说主体资质和能力的根据,而从根本排斥"主体际"关系对于主体建构的决定性影响;单一主体中心性不能揭示主体间交往关系双向整合中各个主体带来的本性发展、人的开化及主体形态建构的过程;单一主体中心性不能揭示主体创造性活动的真正本质,因为主体活动是在"主体—客体""主体—主体"双重关系作用下实现的过程。

②缺乏对实践的交往性所凝聚的意义结构的研究。只考察此在的意义领悟、此在的意义域，而忽视对多极主体间实践关系所凝聚的意义结构的探索。这是一个重大缺陷。

③缺乏对交往实践内在辩证法的研究。诸形态的"主体—客体"辩证法核心是针对客体至上的否定性和解放的向度。在模式上，辩证法是单一主体性及"主体—客体"式的，这既是其特征也是其根本缺陷。

第二节 实用主义的品牌观及其哲学范式

一、实用主义哲学与市场营销原理的一般关系

哲学是文化的根本,哲学与各门具体学科之间存在内在关系。哲学是时代的产物,是一定社会经济基础的产物,表明哲学具有意识形态的作用。哲学思想贯穿在具体学科的研究中,这是不以人的意志为转移的,哲学与市场营销学的关系也不例外。现代西方哲学中的实用主义哲学对西方市场营销理论有着深刻的影响。

实用主义于19世纪70年代在美国露头。1871-1874年间在哈佛大学进行活动的"形而上学俱乐部"被认为是美国第一个实用主

义组织。俱乐部的主持人是后来被认为是实用主义创始人的皮尔士，参加者有哲学家、心理学家赖特及后来成为实用主义最大代表之一的詹姆斯等人。他们各在自己专攻的领域表述了实用主义的一些基本思想。19世纪末20世纪初，通过詹姆斯及美国实用主义另一位代表人物杜威等人的活动，实用主义发展成为在美国影响最大的哲学流派。20世纪40年代以前，实用主义在美国哲学中一直占有主导地位，甚至被视为美国的半官方哲学。在其他西方国家，实用主义也有流传，如在英国出现过以席勒为代表的实用主义运动。席勒为了强调哲学以人的利益为中心，于是将实用主义改称为人本主义。

实用主义在一定程度上继承了贝克莱—休谟—孔德的经验主义路线，经验是世界的基础，人的认识局限于经验的范围。它也继承了叔本华、尼采等人的意志主义和狄尔泰、柏格森等人的生命哲学的非理性主义思想。实用主义不同于传统哲学的特点之一是从方法入手讲哲学。它的主要代表人物有时把哲学归结为方法问题，实用主义不是什么系统的哲学理论，而是一种方法。实用主义的根本纲领是把确定信念作为出发点，把采取行动当作主要手段，把获得实际效果当作最高目的。实用主义者对行为、行动的解释，重点关注行动是否能带来某种实际的效果，也就是关注直接的效用、利益，有用即是真理，无用即为谬误，而不管其是否符合规律、是否公平正义。实用主义在哲学范式上属于"单一主体—客体"范式。

二、菲利普·科特勒的品牌观蕴含的哲学范式

我们以菲利普·科特勒和加里·阿姆斯特朗合著的《市场营销原理》作为分析对象。

《市场营销原理》可以用一个概念和一个模型来总括。一个概念是指市场营销,即"企业为从顾客处获得利益回报而为顾客创造价值并与之建立稳固关系的过程"。一个模型指市场营销的简单模型(或扩展模型),简单模型的流程表述如下:理解市场和顾客的需求和欲望——设计顾客导向的营销战略——构建传递卓越机制的整合营销计划——建立营利性的关系并使顾客愉悦——从顾客处获得价值以创造利润和顾客权益。它表明"顾客导向和创造价值是通往销售和利润的必由之路"。在这个单向流程中,起点是"理解市场和顾客的需求和欲望",终点是"从顾客处获得价值以创造利润和顾客权益";中心目的是"从顾客处获得价值以创造利润和顾客权益",中心手段是理解顾客并与之建立稳固关系。这里,作为主体的是商品所有者、品牌所有者、资本所有者;而处于被认识、被驾驭的地位的是顾客,即顾客处于客体地位。从市场营销的扩展模型中更能清晰表达出这种内在关系。

设计顾客导向的营销战略是以市场营销观念(顾客为中心)为指导的。《市场营销原理》明确指出,"市场营销观念(营销哲学)是以顾客为中心的'感知—反应'哲学(美国主流哲学)"。"感知—反应"是实用主义的生活哲学、行动哲学、实践哲学,它把人的全部认识和实践归结为有机体对环境的刺激反应,即行为。认为人的

感觉本身还不是对世界的认识，而只是环境对人的一种刺激。在以顾客为中心的市场营销中，所谓"感知—反应"，一方面是指物品所有者、品牌所有者、资本所有者（主体）感知顾客的需求、利益、感知价值，从而制订实现交易的方案并行动；另一方面是指物品所有者、品牌所有者、资本所有者（主体）利用商品、品牌等手段使顾客感知，从而使顾客采取购买行为。前者是前提——"物主"理解了这种感知并设计顾客导向的营销战略、构建传递卓越机制的整合营销计划、传播等行为反应。结果是"使顾客在反应行动中建立营利性的关系并使顾客愉悦，实现商品的交换（惊险的一跳），最终实现其从顾客处获得价值以创造利润和顾客权益的目的"。即此市场营销中的"感知—反应"是双重的，一方面是物主的，另一方面是顾客的。物主的"感知—反应"起支配作用。这表明：商品所有者、品牌所有者、资本所有者与顾客之间是主体与客体的关系。但是，这种主客关系不是二元分割的，而是在相互感知的世界中相互作用、相互依存的主体与客体。"感知—反应"哲学，即实用主义的实践哲学，通过其表现营销哲学—市场营销观念（实质是以顾客为中心的手段）贯穿、渗透在市场营销的模型中。

从市场营销的简单模型（理解市场和顾客的需求和欲望——→设计顾客导向的营销战略——→构建传递卓越机制的整合营销计划——→建立营利性的关系并使顾客愉悦——→从顾客处获得价值以创造利润和顾客权益），或从市场营销的扩展模型中"以与顾客这个中心的关系为标准"很容易分辨出其核心范畴。实用主义下，顾客感知价值、顾客关系、定位、品牌、关系营销、营销传播等核心范畴都是实用

第一章　西方现代哲学范式及其品牌理论

主义的范畴，这与相对独立发展起来的定位理论、品牌理论、关系营销理论、传播理论及其核心概念所包含的哲学思想不一致，甚至存在根本差异。但是，在实用主义旗帜下，这些概念被统一在一个体系中，被改造为实用主义的概念。

"顾客感知价值"是菲利普·科特勒营销理论体系的出发点。在市场营销扩展模型中，第一步，物主必须要做的就是感觉"顾客的价值"，这是形成顾客关系的前提。正确理解顾客价值才能确定提供什么样的"市场提供物"，有了提供物，才能满足顾客的需求，从而建立顾客关系。

顾客关系之所以是核心范畴，是以顾客为中心的必然结果，在市场营销扩展模型中，前三步都是"物主"为建立顾客关系而发生和采取的行为。物主在前三步的"感觉—反应"，在现实实践中被称为客户关系管理，即"通过递送卓越的顾客价值和满意，来建立和维持有价值的客户关系的整个过程，它涉及获得、维持和发展顾客的所有方面"。这一范畴表明了物主必须以顾客为中心，但以顾客为中心目的还是中心手段，还必须联系另一个核心概念——顾客权益。

"顾客权益是公司现有和潜在顾客的终身价值的贴现总和"，是客户关系管理的最终目标。这就是市场营销扩展模型的第五步，从顾客处获得价值以创造利润和顾客权益。可见，顾客权益是"物主"追求的最终目的，而建立顾客关系只是"物主"实现顾客权益的手段。

总体来看市场营销模型，上述3个范畴之间是从"手段—目的"

031

的方向展开逻辑的。而且，相对定位和品牌而言，建立顾客关系是中心手段。这就是市场营销模型第二步、第三步与第四步之间的关系，也是从"手段—目的"的方向展开逻辑的。

定位和品牌是营销范畴。设计市场营销战略（模型第二步）和构建传递卓越价值的整合营销计划（模型第三步）是物主由感觉做出反应的筹划阶段，是"公司借以创造顾客价值和实现有利可图的客户关系的市场营销逻辑"。"公司决定为哪些顾客服务（市场细分和目标市场选择），以及如何为他们服务（差异化和定位）"，并据此"设计由可控的要素——产品、价格、渠道和促销，即4P构成的——整合的市场营销组合。"模型的这两步中有很多概念，其中产品定位和品牌两个概念是范畴，其他概念都是为这两个概念服务的。"产品的定位是与竞争者相比，自己的产品在消费者心目中处于什么位置"。定位是购买者愿为你的品牌付出更多钱的理由。消费者都会给产品定位，"产品定位是消费者对产品的认知、印象和情感的复杂组合，是在与其竞争者的产品比较中形成的"，表明产品定位概念与顾客（或消费者）之间属于"手段—目的"的直接逻辑关系。"品牌的整体定位被称为该品牌的价值主张——该品牌赖以差异化和定位的所有利益组合。价值主张直接回答顾客的问题——我为什么购买你的品牌？"品牌管理能为企业带来产品的增加价值。品牌表达了消费者对某种产品及其性能的认知和感受—该产品或服务在消费者心目中的意义。构成品牌权益的基本资产是顾客权益—品牌所创造的顾客关系的价值，表明品牌概念与顾客之间属于"手段—目的"的直接逻辑关系。

概而言之，品牌概念是实用主义的"主体—客体"哲学范式下的概念。

三、马克·E.佩里的品牌观蕴含的哲学范式

我们以马克·E.佩里的《战略营销管理》为解读对象。

战略市场营销就是由确定目标市场和进行市场定位两个核心要素驱动的一个决策过程。确定目标市场和进行市场定位是两个相互依存、不可分割的要素。马克·E.佩里认为，传统教材将确定目标市场和进行市场定位两个问题分开阐述，即没有把这两个问题视为同一评估过程的共同产物。怎样实现同一评估过程同时解决这两个问题？马克·E.佩里采用"手段—目的"理论来解决。

"手段"是人们用于达成最终目标的所有方法。在此市场营销范畴，"手段"指产品属性和由产品属性所引起的一切结果。产品属性就是产品的特点。产品结果就是消费者在拥有、使用或消费一个产品时所体会到的所有感觉。正面的结果定义为产品利益。"目的"是指个人价值，即指人们所追求的最终目的，或人们在生活中为之奋斗的终极存在状态。在此市场营销范畴，"目的"指消费者的追求目标、消费感受状态。在此市场营销范畴，"手段—目的"理论转化为将属性、利益和价值这3个先后承接的因素构成的"手段—目的"链。运用"手段"，解决满足消费者需求之"目的"。

属性、利益和价值这3个先后承接的因素组成的"手段—目的"链，体现着商品客体与消费者的关系，其内在包含这样的互动关系：

产品属性对消费者刺激，消费者对产品产生感觉反应—产品利益，进而消费者对这种感觉产生价值评估的反应。这不正是"感知—反应"吗？所以，"手段—目的"链是"感知—反应"在"商品客体"与"消费者"的关系中的表现。"手段—目的"链把消费者个人价值当作评判消费者利益被满足的标准，也是实用主义的表现。

属性、利益和价值这3个先后承接的因素组成的"手段—目的"链，在营销战略规划阶段包含着"产品—消费者"的单向关系，而菲利普·科特勒与加里·阿姆斯特朗合著的《市场营销原理》不仅包含商品所有者与顾客的关系，而且在设计顾客导向的营销战略阶段，逻辑地包含着"消费者—产品"的单向关系。在"感知—反应"哲学下，在营销战略规划中两者是可以互补的，菲利普·科特勒在《水平营销》一书中贯穿了这样的逻辑。

"手段—目的"，即商品—消费者利益—最终是资本所有者利益。把资本所有者自身之外的外部理解为工具和手段，凭借他们达到目的；关心实用的目的，一切以人和物的用途为转移；以个人价值作为判断依据，分离事实与价值，不管个人价值的合理性。因而是实用主义的。

实用主义的"主体—客体"哲学产生于美国社会，作为对近代西方主客二元对立哲学的超越，对美国社会的发展产生过重大影响。其中，对市场营销理论和实践的影响也很突出，不仅表现在上述理论体系中，还渗透于上述理论体系的重要范畴（如品牌等）和营销管理理论及实践中。但是，由于实用主义"主体—客体"哲学的局限性（实用、实效即真理，单一主体），使上述西方市场营销理论及其范畴（如品牌）存在着很大局限性。

第三节 西方三大独立品牌理论体系蕴含的哲学范式

戴维·阿克品牌理论、凯文·莱恩·凯勒品牌理论、让·诺尔·卡菲勒品牌理论是西方品牌理论群中三大具有代表性的理论体系。这三大品牌理论体系被何佳讯称为品牌和品牌化研究的三大取向，让·诺尔·卡菲勒品牌理论是企业取向，凯文·莱恩·凯勒品牌理论是顾客取向，戴维·阿克品牌理论是企业与顾客兼顾取向，这表明了三大品牌理论体系的差异性和代表性。

一、戴维·阿克品牌理论内涵的哲学范式

戴维·阿克是先知品牌战略咨询公司副总裁、美国加州大学伯克利分校哈斯商学院的营销学名誉教授,也是品牌和品牌资产领域最具影响力的权威学者之一,是当前美国品牌界的领军人物,被《品牌周刊》誉为"品牌资产的鼻祖"。

戴维·阿克先后出版了 13 部专业图书,其中的《管理品牌资产》《创建强势品牌》和《品牌领导》被喻为"品牌三部曲"并畅销全球,对全球企业界产生了广泛、深远的影响。

戴维·阿克在《管理品牌资产》一书中提出了一个核心概念——"品牌资产",即与某种品牌名称或标志相联系的品牌资源或保证,它能够为提供这种产品或服务的公司以及购买这种产品或服务的顾客增加或减少价值。附加在产品/服务上的财产,包含 5 个方面——品牌忠诚度、品牌知名度、品质认定、与品质认定相关的品牌联想、其他一些相关的品牌资源(专利权、分销渠道及网络关系等)。

《创建强势品牌》一书主要的篇幅围绕"品牌认同"这一概念展开,重点是如何实现品牌认同。在《品牌领导》一书中,"品牌认同"则换成"品牌识别",这可能是不同译者翻译的不同造成的。"品牌认同指品牌管理人如何看待这个品牌",注意:不是消费者如何看待这个品牌。品牌认同是怎么被实现的?通过营销的"定位—规划传播—消费者认同"这个过程来实现。在这个过程中,建立起"品牌就是产品,品牌就是企业,品牌就是人,品牌就是符号"4 个关系中的一个或几个,而这 4 个方面中的一个或几个的组合又可分为基

本认同与延伸认同。

《品牌领导》一书在品牌认同（品牌识别）的基础上展开阐述，从品牌结构、超越广告的品牌创建方面进一步对品牌理论做出完善。

综观戴维·阿克"品牌三部曲"的3部书，其中提出了两个核心概念，即品牌认同、品牌资产（5个方面），这两个概念之间有着怎样的逻辑关系呢？

建立品牌认同的过程就是对消费者刺激的过程和品牌资产形成的过程，刺激的结果是消费者购买行为的反应，目标是使目标消费者长期购买（品牌资产）。从概念关系来看，概念之间是单向度的作用关系，消费者是被刺激对象，消费者不过是单向度的人，被动反应者。只有这种刺激才能使消费者与品牌建立关系，获得品牌认同，形成品牌资产，达到长期购买目的。而品牌定位、品牌组合、品牌相关性（创新品类差异性，持续提供品牌相关性）及品牌延伸不过是实现品牌资产的具体手段。

上述逻辑关系中：公司是主体；品牌与消费者处于客体地位，品牌是影响消费者的工具，品牌和消费者都是为企业赚取利润的工具。戴维·阿克把品牌赋予人的角色并使得该角色与消费者对话，实际上是作为公司主体的代言者这一虚拟人身份面对消费者，贯穿着"单一主体—客体"关系。

二、凯文·莱恩·凯勒品牌理论的内在哲学范式

凯文·莱恩·凯勒是世界品牌研究领域的权威学者，在《战略

品牌理论与哲学范式：交往实践唯物主义及哲学比较视阈

品牌管理》一书中，凯文·莱恩·凯勒以品牌资产理论为主线，系统构筑了自己的品牌理论框架，被称为品牌研究方面的必读"圣经"。下面，我以凯文·莱恩·凯勒的《战略品牌管理》为文本解读对象，分析其内在的哲学范式。

《战略品牌管理》一书中的一个关键概念是品牌化。"品牌化是一个涉及建立思维结构和帮助消费者建立起对产品或服务认知的过程。这个过程可以帮助消费者明确自己的决策，同时为公司创造价值。品牌化过程的关键是让消费者认识到品类中不同品牌之间的差异。品牌间的差异可以与品牌自身的属性或利益相关，或与无形的形象因素相关。"由此可见，品牌化是一个描述过程的概念。那么，什么可以品牌化呢？"实际上可以将任何事物品牌化。""品牌是消费者对于产品属性的感知、情感的总和，包括品牌名称的内涵及品牌相关的公司联想"。品牌对公司有意义，公司可以品牌化；品牌对消费者有意义，消费者可以品牌化；品牌对产品有意义，产品可以品牌化。虽然品牌化表述了"品牌/产品—消费者"的关系，但这种关系是手段性关系，对公司的意义则是目的。

怎样品牌化？"品牌化就是将品牌资产的影响力付诸产品和服务。"所以，另一个关键概念是品牌资产。"品牌资产是品牌所具有的独特的市场影响力。也就是说，品牌资产解释了具有品牌的产品或服务和不具有品牌的产品或服务两者之间营销结果差异化的原因。"这个概念的关键在于对消费者（顾客）的影响力。品牌资产的实现过程就是品牌化过程，可以分解为相互关联的两条线。A线：品牌—品牌资产—基于顾客的品牌资产—品牌资产评估—品牌价值。

B线：顾客—顾客资产—顾客价值。

A、B两线的内在关联是什么？公司主体用品牌资产获得对消费者的影响力，实现产品品牌化，即将品牌资产影响力付诸产品和服务，使产品得以实现交易、服务得以提供，从而建立起基于顾客的品牌资产，即顾客品牌知识对于营销活动所产生的差异化反应。也就是说，在这个过程中，顾客也变成了资产（手段），品牌化过程中创造了看似成为目的的顾客价值（就是B线所指方向）。而顾客价值又是形成品牌价值的手段。基于顾客的品牌资产，无非是兼顾顾客和品牌的一个概念，把顾客资产化，成为获得顾客价值的手段，资本发展的必然逻辑。即A线方向中的品牌价值是目的，公司是主体。

品牌化过程中，顾客地位仍是手段性地位，不是目的，因而也不能成为主体，主体成为手段时已经与主体的意义相背离，蜕变为客体。所以，品牌、品牌资产、顾客资产，都是实现主体目的的手段，逃不出"单一主体—客体"的逻辑关系。

三、让·诺尔·卡菲勒品牌理论蕴含的哲学范式

让·诺尔·卡菲勒是现代品牌理论的奠基人之一，法国著名教授，在其《战略性品牌管理》一书中阐述了自己的品牌理论体系。下面，我们根据该书解读其包含的哲学范式。

（一）从该书对品牌概念的相关阐述看品牌的地位

1."产品的外观和外在因素体现产品的内在特质，而声誉好的

品牌则是最行之有效的外在因素。"这些外在因素还包括价格、质量认证、零售点的质量保证（保鲜期、保质期等）、包装的款式和造型等。品牌仅是产品的外在因素之一。

2. 品牌是无形资产。"品牌资产包括：品牌意识（作为产品类型的最佳模式或表现形式）；与同类产品相比，消费者对品牌的认同和好感；品牌所唤起的丰富想象和魅力及与品牌消费或使用相联系的无形要素。"也就是说，品牌是携带意义的无形资产，品牌对产品、对企业、对消费者有作用或意义，而且与产品一体，作为整体产品的一部分而存在。

"品牌是一种条件性资产，即它以产品存在为前提，离开了产品，品牌价值无法实现"。这一条件性资产还具有特殊的功用——携带着意义。它归公司所有，公司及其代理人是品牌设计、生产、对外施加宣传的操纵者，是品牌的主人、营销活动的主体，品牌只能以客体形式存在。

（二）从核心概念之间内在关系看运用品牌的目的

《战略性品牌管理》有3个核心概念：品牌特性、品牌资产、品牌价值。

"特性意味着有自己的品格，有自己独特不同的抱负和志向。""品牌特性概念强调品牌的独特品性和特殊含义。"它有6个要素：物理品性；个性；品牌出自特定的文化氛围，赋予每个产品以文化特色；品牌代表一种关系，是人际交往的交叉点；品牌反映各种利益关系；品牌反映自我形象，如果形象是我们的外在写照，那么，对品牌的态度也反映了我们自身的价值。

品牌特性就是品牌的本质，是整个品牌完整统一的战略构想。品牌特性的确定属于品牌设计业务范围，目的是确立品牌的意义、目的和形象，品牌形象是设计过程的直接目的。

"品牌价值以实施品牌战略的企业的实力来决定，它取决于利润增值要素中附带利润与品牌管理过程中必要的附带支出之间的差额。""品牌价值在于它在消费者心目中独特的、良好的、令人瞩目的形象。"

通过品牌特性的规划（定位──▶传播）及实施，创造品牌资产，实现企业品牌价值之最终目的。上面两部分的内容表述其实反映了企业打造与产品一体的品牌是有价值的，可以为企业带来品牌价值，而消费者不是最终目的。

（三）消费者是品牌作用的对象

"大多数奢侈品品牌通常以创造者姓名来命名……在首创者拥有并掌管公司时，品牌名字大体等同于其业主的声望和业绩……品牌总是处于从属地位……当业主退出品牌经营与管理过程，品牌才算有自己的品格和生命……业主所雇佣的管理人员不再左右品牌的命运……当业主消失后，品牌成为自己的主人，品牌需重新设计具体项目、价值、道德观念和内在本质。与其他主人名字相联系的品牌，形象主要依靠艺术家工作来表现。"也就是说，品牌可以作为业主的虚拟代表，没有意义；也可以被赋予一定的意义。

"品牌效应一般指由名牌任用于市场所产生的效果和反应。这个概念说明，要有效应，首要要有品牌和市场……其次是品牌和市场相互作用的次序问题。"品牌先作用于市场后，才有市场对品牌的反作用。品牌效应这个概念基本上反映了品牌与市场之间的关系——业主运用品牌作用于市场中的消费者。

"品牌作用于市场刺激消费者，这样对消费者而言，会产生许多反应，这些反应由于受到消费者决策的各种深层次因素包括心理因素的影响，就使得消费者对某个名牌的认识和感受不尽相同。"

综上所述，"品牌资本化"，品牌是企业的资本，作为资本的具体表现形式；同时，品牌又作为业主的代表，作为意义的承载者，为资本左右消费者实现品牌效应、顾客效用（体现了品牌资本长期对顾客作用而使之产生忠诚）搭建了现实的通途。这一过程体现着"单一主体—客体"的逻辑关系。

何佳讯在《长期品牌管理》一书中指出，戴维·阿克、凯文·莱恩·凯勒、让·诺尔·卡菲勒引领了品牌和品牌化研究的3条不同的路径。但是，我们通过上文分析可以说这3条研究路径是同一"单一主体—客体"哲学范式下的不同研究思路，本质上是一致的，只是表现形式不同而已。

第四节 马丁·林斯特龙的非理性主义品牌观蕴含的哲学范式

西方现代哲学分两支，一是理性主义（科学主义），一是非理性主义。怎么区分和理解？马克思主义哲学将"认识"这个概念分为两类，一是理性认识，一是感性认识。无论是理性认识，还是感性认识，都是主体的认识。感性认识依靠感觉、知觉等，理性认识靠判断、推理等基本逻辑形式及数理逻辑等。

西方理性主义强调的正是理性认识，将理性认识变为唯一或主要的认识方式；西方非理性主义则强调感性的认识才是主导的方式。两者非此即彼，在哲学争论中也表现得异常突出。理性主义与非理性主义都是立足于主体如何认识、改造、征服自然与社会的。而马

043

克思主义哲学则立足于交往实践、生产劳动过程，立足于劳动者是如何通过理性和感性的辩证过程认识自然、治理社会并实现和谐的。

马丁·林斯特龙在《买》《感官品牌：隐藏在购买背后的感官秘密》《品牌洗脑：世界著名品牌只做不说的营销秘密》等书中，给人们描述了一个非理性主义品牌观的蓝图。本节对此予以概述并做出评价分析。

在《买》一书中，作者用功能性磁共振成像技术揭示人们在各种刺激作用下产生冲动购买、非理性购买的真相。这些刺激正是强势品牌捆绑消费者的营销手段。归纳如下：植入式广告很多是无效的，有效的前提是成为剧情的重要组成部分，或者有重要地位且有一定意义；模仿他人购买是人们具有的共性行为，制造从众效应可诱导消费者；运用各种刺激感官的潜意识广告等手段能激发消费者的购买欲；习俗具有帮助建立消费者与商品、品牌间情感纽带的作用；强势品牌具有宗教般的作用，可以左右消费者的购买决策；制造躯体标志（把概念和身体部位及感官联结起来的链条，把经历或情感与感觉相联结），促进消费者的消费意愿；利用五感（触觉、视觉、听觉、嗅觉、味觉）促进消费者的消费意愿；性不能引起人们的购买欲，但利用性引起争议和性诱惑促人模仿可以促进销售。

结论：虽然上述知识在未被实证和归纳之前，人们认识不到哪种手段更有效，但人们凭经验做了，这是资本冲动的结果。用非理性的资本冲动诱惑非理性的购买冲动。

在《感官品牌：隐藏在购买背后的感官秘密》一书中，作者先论述了通过提升感官接触点来建立和稳固品牌与消费者的关系。

第一章　西方现代哲学范式及其品牌理论

感官指眼、耳、鼻、舌、口、皮肤等感觉器官，这些器官受到特定的外界刺激产生的视觉、嗅觉、听觉、触觉、味觉能使消费者对品牌产生情感。而且，五感协同对建立和稳固品牌与消费者的关系的效应更大。

品牌代表的价值观是抽象的，如何融入具体的活动中？在所有接触点上利用对感官的刺激（视觉、听觉、嗅觉、触觉、味觉）产生感情的方法，建立条件反射，从而捆绑消费者。

利用视觉建立品牌关系。如20世纪50年代可口可乐大力推广圣诞老人，使圣诞老人穿上可口可乐品牌颜色（红白搭配）的衣服。

利用听觉建立品牌关系。这种理论认为声音创造了心情、感受和情感。诞生于1998年的英特尔处理器广告音，出现于所有英特尔的电视广告中。诺基亚手机的铃声是使消费者与诺基亚建立品牌关系的重要元素（条件反射）。当声音成为商品的组成部分，就成为影响消费者购买决策的因素。把声音变成商品内在特色并成为吸引消费者的法宝，这就是品牌的声音的作用。

品牌专属气味也有特殊作用。劳斯莱斯、凯蒂拉克专门研究汽车的气味；某品牌裤子因有专属气味，可以被其消费者识别。这是利用嗅觉建立品牌关系的案例。

利用触觉使人们辨别品牌的差异化。丹麦高端电子产品公司B&O发明的集成遥控器，不仅具有流线外形，而且重而结实，非常有手感，给人以与众不同的庄严感。

高露洁牙膏把其独特牙膏味道注册了专利。这是利用味觉营销的案例。

五感在传播中同等重要，五感结合提升品牌整体影响力，激发消费者的购买决策。

上述论述给我们的启示是：品牌应找到自己的"标志性感官元素"。

《感官品牌：隐藏在购买背后的感官秘密》一书还论述了通过竞争对手不具备的独特感官诉求突出品牌，同时让消费者有独特的使用感受，会使目标消费者不自觉中忠诚起来。

…………

未来，感官品牌策略的采纳会形成3个层次：感官先驱者，感官采纳者，感官追随者。

结论：通过非理性的营销手段激发消费者的占有欲和购买欲。

马丁·林斯特龙在《品牌洗脑：世界著名品牌只做不说的营销秘密》一书中揭示了著名品牌如何捆绑消费者，如何使消费者处于非理性状态下心甘情愿地购买产品的各种手段，现归纳如下。

①品牌洗脑从娃娃抓起。声音、气味对孕妇和胎儿产生影响，新生儿会对在胎儿期"听"到的音乐产生更强烈的反应。通过影响孕妇培养下一代的购物习惯是购物中心策略。在菲律宾，可比可将糖果赠送给孕妇，以培养下一代喝糖果味咖啡的消费群体。

父母购买习惯影响孩子消费偏好，但儿童的消费倾向也影响父母的购买决策。抓住了孩子，就控制和捆绑了其一生的消费偏好，就有了一代人的终生消费作为大生产的保障。

②利用恐惧，散布恐慌。一些恐惧能使人产生满足感。恐惧使群体产生聚合力，恐惧使人失去理性。广告商会利用并放大各种类

型的恐惧，为实现营销目的服务。如食品公司利用人们对污染的恐惧，制造新鲜感（如水果能激发消费者和健康、新鲜之间的强烈联结），让消费者从感觉上消除恐惧，放心购买。

③使人们购物成瘾。成瘾指人对某种行为或某种物质的持续的、无法控制的依赖。生产商和广告商一是运用激发五种感官的潜意识情感引发消费渴望；二是在商品中加入致瘾元素，使人生理上致瘾，如食品中加入咖啡因、味精等致瘾元素等，唇膏中加入香料、苯酚、色素等物质；三是将消费和购物融入游戏中，痴迷于游戏的人就是被诱导购物的致瘾对象。

④利用性元素实施诱惑。利用性广告激发性幻想和渴望促使人购买产品，如护肤品、香水等产品的销售手段。

⑤利用同侪压力，制造从众效应。侪指同辈或有共同兴趣行为的同类的人。同侪指辈分相同的人或年龄、地位、兴趣等方面相近的人。人是社会动物，生来就表现出从众行为。少数人的行为会影响多数人的购买选择，广告商利用此制造从众效应，如排行榜影响购买决策，利用社交网站制造从众效应。

⑥制造怀旧环境，激发怀旧情绪。怀旧是人们到某一年龄的现象。23岁是人们体验新鲜事物"开放之窗"关闭的年龄，39岁是对新事物开放度逐渐闭合的年龄，不以人们的意志为转移，怀旧是必然的现象。怀旧能带来美好愉悦的回忆，从而提振情绪、提升自尊心，加强人际关系。广告商运用怀旧策略，重现过去几年间的影像、声音和感觉，向人们推广品牌或商品，如超市通过播放过去年代的歌曲促进销售等。

⑦利用偶像，制造名人效应。

⑧在品牌和商品里灌输精神特征，刺激消费者的购买欲。

⑨利用数据库，掌控消费者的一切，包括消费习惯、种族、性别、地址、电话、教育水平、收入水平、家庭情况、宠物名字等，以此探求消费者行为和购买背后的动机和想法。电子优惠券、信用卡、积分卡等都是搜集数据的手段。

结论：上述各种麻痹消费者的手段，表明《品牌洗脑：世界著名品牌只做不说的营销秘密》一书揭示的洗脑方法不是把消费者当作主体看待，而是作为实现资本目的的客体对象看待。

总之，《买》《感官品牌：隐藏在购买背后的感官秘密》《品牌洗脑：世界著名品牌只做不说的营销秘密》给人们展示了非理性的"主体—客体"的营销原理。

第五节 文化偶像品牌理论及其内在哲学范式

美国学者道格拉斯·B.霍尔特在《品牌如何成为偶像：文化式品牌塑造的原理》中系统归纳了其文化式品牌打造偶像品牌的原理。

何谓文化偶像？文化偶像是具有代表意义的人或物，尤其是一种文化或运动；或者是被视为值得羡慕的人或机构。文化偶像是榜样的象征，人们把其作为表达重要思想的简捷方式。

打造文化偶像品牌的策略。瞄准品牌概念市场——对概念市场进行文化角度的定位，即文化简述——建立文化权威和政治权威获取品牌资本——三大支柱（消费者和利益相关者）建立忠诚度——四大原则推进概念，使品牌与消费者沟通。

品牌理论与哲学范式：交往实践唯物主义及哲学比较视阈

  文化偶像品牌理论贯穿着怎样的哲学范式？

  首先，从文化偶像品牌这个概念的特征和功能看，从社会矛盾中瞄准平民（包括中产阶级）的价值观，将偶像品牌与之挂钩，通过传播说服平民，使之认同，通过品牌消费缓解社会矛盾，即缓解平民对社会的不满，含有使平民娱乐至死、消费麻醉的意图在其中。这是"品牌—消费者"关系打造的一种途径，这其中的平民（即所谓的消费者）则只能处于客体的地位。

  其次，上述策略中关键的两个关键概念——品牌概念和品牌概念市场包含着怎样的哲学范式？"品牌概念是指从外围借助不同于消费者日常生活中所接触的真实环境的虚幻世界来解决文化矛盾的创意。概念中所表达的愿望，是观众理想身份特征的虚幻表达，而非真实表达。身份概念可以用来弥合民族文化结构的裂痕，这些裂痕就是人们在日常生活中所体验到的痛苦与焦虑。而身份概念能缓解这种痛苦与焦虑，帮助人们重新找回生活的目标，并巩固处在压力下的理想身份特征。"通过品牌所传达出来的欲望、意义不是消费者的真实需求，是一种虚妄的需求，被舆论所制造出来的需求。所谓消费者的客体地位不是跃然呈现吗？

  品牌概念市场是通过品牌将欲望指向的消费群体。

  再次，通过文化简述打造文化权威和政治权威、获取品牌资本和品牌忠诚度这一过程来看包含着怎样的关系，即概念之间包含着怎样的内在关系。

  文化简述包括3个部分，一是通过广告故事有效解决文化矛盾冲突的概念处理手法；二是品牌表达目标市场真实的文化密码——

价值观；三是以非凡的美学魅力表达品牌的广告故事。

广告故事的沟通皆在树立两种资本：文化权威和政治权威，这是品牌资产的两种表现形式。品牌概念一旦为目标市场接受并赢得尊重，一种建立在人们对于某品牌创造概念的能力和义务给予集体期待的基础上的品牌资产便产生，这就是文化权威。由于品牌概念表达与目标市场政治立场一致性，同样会获得政治权威。

与品牌资产对应的是品牌忠诚度。没有品牌忠诚度就无品牌资产。品牌忠诚度指在竞品挑战的前提下，客户选择支持特定品牌的意愿度。而客户由支持者、业内人士、追随者所组成。支持者是指品牌概念强烈认同的客户群。

通过几个手段性的步骤，最终套牢消费者，成就拥有核心消费群带动的庞大消费者队伍，品牌概念实现了。几个概念组成的策略不过是实现品牌概念的手段性概念过程，其表达的关系是将消费者定格为客体的目的的单一向度的"手段—目的"关系。

资本是能带来剩余价值的货币。品牌资本是对带来剩余价值的品牌投入。品牌投入之所以带来剩余价值，因为它捆绑了消费者，正如货币购买了劳动力，在生产领域创造商品的使用价值和价值一样，品牌这一商品投入不仅带来了品牌使用价值和价值，更主要的是带来了忠诚消费群，带来了其消费力，使得商品使用价值和价值得以实现。所以，品牌资本的投入是必须的和非常值得的。

目标消费群回报品牌的方式是：把品牌当作勇敢面对生活中诸多不确定性的标志性"武器"之一。

上述品牌理论表明，消费主义大行其道时代的文化偶像品牌理论有3个真实的特征。

①愿望仅是平民的，瞄准的价值观仅仅是平民的，不是全社会的。把虚假价值观施加于平民。

②人们面临相同社会问题，身份特征的建构解决不了平民忧虑的问题，缓解而已。

③品牌概念是虚假意识形态表达。

品牌与虚假意识形态之间建立起内在联系。目标市场仅仅是通过虚假意识被鼓动起来的为消费而存在的客体对象。品牌只不过是品牌打造者（具有唯一主体地位）捆绑目标市场的手段而已。"主体—客体"哲学的思路贯穿于核心概念和诸概念之间。

道格拉斯·B.霍尔特在其随后的另一本专著《文化战略：以创新的意识形态构建独特的文化品牌》对上述理论进行了进一步归纳，不过基本思路并未改变，其"主体—客体"的哲学范式品牌观的实质没改变。

第六节 西方现代品牌理论与消费主义

一、西方现代品牌理论与消费主义内在关联问题的提出

我在思考品牌产生与消费主义之间内在关联过程中，翻看了国内有关消费主义和消费文化的二十余部专著，多数专著对消费主义背后的理论背景均涉及不多或没有涉及。但是，少数专著论述了消费主义的理论表现形式，高文武、关胜侠在《消费主义与消费生态化》一书中提出与消费主义相对应的生产主义概念，是生产主义发展的产物。该书论证了生产主义的三大思想支柱——"新教伦理的

禁欲主义、资产阶级古典政治经济学、泰勒等人的科学管理理论，生产主义提供了有力支持"。我认为这三大思想支柱，有哲学层面的新教伦理，有经济学及应用层面的管理学，正好构成了纵向理论体系。该书也对"支撑消费主义的思想观念主要是自然机械观、欲望无限的人生观和呈上竞争的人际观"、后福特主义、"经济人假设"对消费主义的有力支撑做出了论述，也是从哲学、经济学、管理学层面做的纵向阐述。我认为，营销理论、品牌理论也是消费主义的支撑理论，是需要进一步阐述的。

什么是消费主义？消费主义是这样一种生活方式：消费的目的不是为了实际需要的满足，而是被国家引导、众多企业和商家及媒体不断刻意追求和制造出来的、刺激起来的物质和精神欲望的满足，即虚假的需求。换句话说，人们所消费的，不是商品和服务的使用价值，而是它们的符号象征意义。消费主义的"需求"（其实就是本雅明所说的欲望）是被创造出来的、并在无形中把越来越多的普通人都卷入其中的生活方式和价值观念，它使人们总处在一种"欲购情结"之中，从而无止境地追求高档商品符号所代表的生活方式，这本身又构成了现代消费社会中社会关系再生产的条件。合理地满足实际生存需要的消费与占有符号价值的满足欲望消费是两种不同的生活方式。后者将消费当作人生的根本意义之所在，是一种崇尚消费至上的价值观念。从个体消费者角度来看，消费主义所定义的欲望消费，是马斯洛需求理论中的自我实现型消费。

消费主义的实现与品牌的运作有着联系，品牌就是象征意义的符号。

二、从消费主义与品牌理论产生和发展的脉络分析二者的关系

（一）消费主义的产生与其支撑理论的初创

一般认为，消费主义产生至今经历了两个发展阶段。一是福特制时代的初创形成期，也是生产主义向消费主义过渡的时期，即消费主义生命周期的导入和成长初期阶段。二是美国后福特制时代，即20世纪中期以来。

二次产业革命期间的20世纪初至20世纪中叶（20世纪五六十年代），是所谓的福特制阶段。福特制源于美国福特汽车公司，是以职能专业化和详尽劳动分工为基础的垂直管理模式，后被主要资本主义国家的企业广泛采用。随着二次产业革命和工人运动，大批量生产和竞争导致产品价格下降和工人工资和福利提升，全社会的基本生存需要满足已不是问题。期间，由于两次世界大战延缓了消费主义的形成。这一阶段，如下原因推动消费主义萌生和成长。

一是福特制广泛应用，劳动生产率大为提高。大批量、标准化的生产及同质的商品竞争，使商品生产过剩不可避免，内在地要求创新营销和管理手段及提高竞争力的同时争夺和刺激消费者。

二是凯恩斯的宏观经济理论应用。1929—1933年的资本主义经济危机席卷全球，而反对政府干预市场、主张自由放任经济政策的自由主义经济大师们无能为力。英国经济学家凯恩斯则认为经济危机根源于有效需求不足，有效需求不足的原因是人们的消费增长慢

于收入增长，消费增长慢的原因则是收入增长部分用于消费支出的增长比例低。且随着收入的增加，人们用于消费部分呈现递减趋势，这就是边际消费递减规律。这要求政府应当采取措施提高有效需求。在凯恩斯理论指导下，美国出台并积极推行鼓励和刺激消费的经济政策，这即罗斯福新政的重要内容。

三是实用主义思想的盛行为消费主义的形成提供了思想基础。实用主义使美国人对金钱的追逐达到了疯狂的程度，消费成为判定个人能力、地位的象征性标志。资本所有者要利润，非资产拥有者要挣钱消费。美国出台鼓励和刺激消费的经济政策对全社会的消费鼓动推波助澜。

三是分期付款制度。

四是广告业的兴起及企业为中心的广告理论发展。1920年，第一家广播电台——西屋电气公司的KDKA成立。1922年，美国电报电话公司的WEAF电台开始播出广告。

五是企业为中心的销售理论、伯尔尼为代表的公关理论、促销方法的发展。

六是企业为中心的管理理论——泰勒制和法约尔等人的科学管理管理理论的发展。科学管理理论通过对劳动工具、劳动手段、劳动时间及劳动的协调等进行科学分析，创造了比较严密的劳动方式和程序，从而极大地提高了生产效率。但是，科学管理理论"见物不见人，把人等同于机器，或者是活生生的人仅被看成工作中的手，抛弃了人的思想、情感等重要因素"。

这一时期，无论是宏观、微观经济管理理论还是营销理论都处十初创阶段，品牌理论还没有产生，还没形成完善的理论体系。上述理论的应用，共同地把资本所有者的意识形态有意地向全社会消费者传递，企图把此意志变为全社会所有人的意志。企业这唯一主体与消费者客体之间构成"主体—客体"式供求关系。进一步阐述参见本书第三章第二节。

（二）消费主义真正兴起及其支撑理论

二战后的20世纪五六十年代，美国消费日益个性化，出现了所谓的后福特制的丰田制。丰田制是在福特制的改良基础上的精益生产方式，"根据市场需求多品种、小批量和大规模地制造客户所需要的产品，生产中通过持续不断改进和全面质量管理，逐步消除生产过程中的可能浪费和实现零部件的零缺陷和零库存"。与丰田制相对应的是买方社会的到来，买方消费使得消费行为和理论呈现出以下6个特点。

①"在表示商品的购买和使用时，消费和消费者比使用和顾客多一层意思，即消费满足的需要和渴望超过了基本的、生物的范围，消费具有更多的符号或象征化的意义，不仅是经济行为，更具有了个人价值观的意义"。

②消费者行为理论等研究消费者欲望的理论快速发展。

③现代主义的品牌理论。品牌理论产生并不断发展，继20世纪六七十年代的品牌形象理论、菲利普·科特勒集大成的营销理论体系（包括其实用主义品牌理论形式）后，又相继产生了戴维·阿克、凯文·莱恩·凯勒、让·诺尔·卡菲勒等有代表性的现代主义三大

品牌理论形式。

④现代主义的营销理论发展。代表是菲利普·科特勒集大成的营销理论体系。这一理论体系产生后，不断吸收后续产生的新理论从而完善自己。

⑤管理理论形成管理理论丛林。

⑥微观经济学、制度经济学日益完善、成熟。

20世纪八九十年代后，新经济（网络经济、第三产业）的出现，主要资本主义强国的跨国集团将加工产业向第三世界国家转移，出现了超越丰田制的温特制的生产体制。即"围绕产品标准在全球范围内有效配置资源，按照标准在全球范围内从事生产，形成标准控制下的产品零部件、模块生产与最终组合"。这是一种专业化分工基础上的横向协作生产方式，其"主导企业控制着销售渠道、市场规则和产品标准，并获得最多的利润"。随着全球化生产，全球化消费和营销呈现出来。同时，反抗现代主义的对人的自由的束缚的后现代主义思想产生并形成潮流——摆脱品牌的束缚，摆脱资本控制的愿望和思潮。后现代主义的营销理论产生，如后现代主义的关系营销、营销传播理论产生并传播开来，后现代主义品牌理论也随之产生。

用资产阶级意识形态，尤其是用消费主义控制消费者，是诸多跨国集团的操作手法。跨国集团为此不惜投入巨资——带来剩余价值的货币，即品牌资本。

上述支撑消费主义的理论共同构成贯穿着现代主义"主体—客体"哲学或后现代主义主体际哲学的纵向理论体系。市场营销学、品牌理论都是消费主义理论的不完全形态。或者说，消费主义就是由若干有着纵向关联的理论共同支撑其发挥作用。这就是说，投入品牌资本驾驭消费者的理论及方法手段完善了、成熟了。

本来想研究品牌是消费主义的理论形式，但要论证此题目，不得不先论证支撑消费主义的完善理论体系。这给我们从事社会科学研究一个启示：联系哲学范式，把基础理论、应用理论贯穿起来是把握本质理解现象的科学方法。这个方法也就是马克思的方法。

激发消费者的消费价值观，其载体怎么由产品转移到了品牌上？原因在于产业的分工，品牌的策划、制作、传播的整个过程已成为独立产业。品牌成为独立的商品形式，具有了能独立承担价值观载体的功能。品牌新职能是资本运动在特定生产方式下的产物。品牌理论是资本运动发展到垄断资本主义成熟阶段的必然产物（详见本书第三章第二节）。

三、消费品牌化是消费主义的主要具体化形式

消费品牌化，就是人们在购买和消费商品时，着重考虑和追求的，不是商品的物性带给消费者的好处（即直接使用价值），而是整体商品中商品品牌具有的象征意义这一使用价值。购买活动中表征着消费者的身份、地位和生活兴趣，消费活动凸显的是商品的符号功能——消费价值观功能。

消费品牌化反映着消费主义价值观。实施途径就是制造时尚和追赶时尚。通过时尚的制造，使消费符号化、品牌化。时尚有如下

所述的两个功能。①时尚的区分和模仿功能。时尚通过衣食住行等载体及指向消费者的品牌意义,区分消费者属于哪个社会阶层。时尚的区分功能使人们在从众心理、同侪压力下,趋向模仿时尚领先者,以使个体融入时尚,求得差异减小。②时尚的时效性。由资本引导的拼命制造的新时尚,具有独特性、与众不同性。时尚使人攀比,变换时尚潮流让人们在不断攀比中消费、在攀比中花掉金线。

时尚功能反映着不同群体对时尚的态度和行为是不同的,反映着消费主义的本质——控制消费者的大脑和钱袋。

消费符号化、品牌化是时尚制造的社会条件。买方市场下,品牌成为独立商品,品牌设计、制作成为独立行业,往往与广告业成为一体。品牌商品化,品牌被赋予了消费价值观,成为时尚产品的意义指向的中介载体。所以,消费品牌化表现了消费主义—垄断资本的价值观。

消费主义的目的要通过品牌运作手段来实现。从机理上具体来看,通过制造时尚刺激和控制消费者,从而拉动生产。有两类市场扩张方式:一是不断扩大消费品生产范围和销售范围,即外延式扩张;二是内涵式市场扩张,即"通过控制产品使用时间扩大市场的方式",运用技术创新和时尚来实现。两种市场扩张中,消费价值观的张扬、技术创新、时尚的制造被充分组合运用。

第一,运用意识形态和文化的力量宣扬"注重当下,及时享乐"的价值观(欲望满足就是幸福,人生价值在于欲望的满足),通过制造所谓高贵和独特操纵欲望、制造虚假需求来诱导消费者,从认知上控制消费者。这一手段具体实现方式从国家层面看,由垄断资本

第一章 西方现代哲学范式及其品牌理论

主义国家的政府支持的文化事业发挥巨大作用；从企业层面看，就是将消费价值观赋予于品牌，通过开动各种传播工具无孔不入地在接触点上进行品牌传播，实施诱导。

第二，文化、艺术、身体、生活的商品化，使商品边界无限延展，各种形式的商品相互融合，物品、文化、知识、艺术、技术、身体等都服务于实体商品的生产和消费全过程中，表现为商品艺术化、艺术商品化、文化商品化、社会关系身体化、生活艺术化等具体形式（以下简称五化）。通过这些具体形式（文化现象）进入人的心理结构。五化的核心是消费品牌化，用赋予品牌的消费价值观来统率五化。买方市场消费主义价值观下，商品不是因为有用才有意义，而是因为有意义才有用。利用文化界定意义，用文化来包装商品，并且将象征意义赋予商品代言者——品牌，将整体商品（商品体+品牌）的使用价值进行延展。五化是由象征意义来统率的，不是随意的五化。商品艺术化是刻意讲究色彩、造型、包装，把商品打扮得像艺术品，吸引人的眼球，给人以高贵、典雅的感觉。艺术商品化把艺术品普遍成了可供日常消遣的商品。文化商品化指文化产品成为满足人们猎奇和追求刺激心理的商品。社会关系身体化指为彰显身份地位、经济实力、文化教养而维护身体的品位所进行的穿衣打扮、化妆、健身、美容美发、美身（隆胸、整容）及赋予身体以意义并围绕身体意义进行的商业活动。生活艺术化有两种表现形式：艺术与商品结合，表现为商品艺术化或艺术商品化；模糊艺术与生活的界限。

第三，运用"创造性破坏"加快消费品的更新换代。所谓创造性破坏指在创造新的使用价值，尤其是象征性使用价值的同时，破坏已有消费品的使用价值（商品的社会寿命）。利用消费符号化、消费品牌化，不断推动时尚更新，破坏已有消费品的使用价值，使旧消费品被迫停止使用，乃至抛弃。也就是说，创造新财富不是为了社会财富的增加，而是为了消解已有财富、制造稀缺的局势，这要靠时尚的不断翻新。

四、从消费主义特征看消费主义与西方品牌理论哲学范式的一致性

正如前文所述，西方现代主义的品牌理论有多种表现形式：实用主义的、理性主义的、非理性主义的。它们共同遵循"主体—客体"的哲学范式。换句话说，"单一主体—客体"哲学范式下的品牌理论有多种表现形式。既然品牌理论是消费主义进一步具体化的表现形式，二者应该具有相同的哲学范式。

消费主义的特征有3个。

①时尚消费的大众化。表明身份、地位、品位、教养的消费品在少数消费者带动及各种传播工具促动下，诱导多数消费者效仿，形成大众化消费之势。

②消费符号专有化，尤其是品牌符号专有化。品牌成为独立商品，成为商品意义指向的载体。无论是何种形式的商品，只要持续生产和用于谋利，品牌就有独立存在的意义；而且，品牌符号具有专有垄断性，其意义具有排他性，有区隔地分割出核心目标市场，使

之认同,成为带动大众的促销工具。

③消费控制的意识形态化。品牌被赋予消费价值观的意义,通过消费价值观具体化于商品体及各种推广形式中,对消费者施加隐形控制,消费者是被控制的对象。

从消费主义的特征可以得出消费主义具有"单一主体—客体"的哲学范式的特征,与西方现代品牌理论有着共同的哲学范式。

第二章
后现代哲学范式及其品牌观

导读

第一节　后现代哲学范式综述
第二节　贯穿后现代哲学范式的营销理论及其品牌范畴
第三节　"品牌即信誉主体与信任主体的关系符号"的
　　　　内在哲学范式
第四节　超常消费与鲍德利亚消费符号的内在哲学范式

第一节 后现代哲学范式综述

从 20 世纪上半叶开始,西方主要资本主义国家的哲学发生了向后现代主义实践观的转变,是第二次工业革命成果给社会带来的变革中孕育出第三次工业革命之势及后现代社会转型的哲学表现。主体际思维是贯穿当代西方后现代哲学的主线。

当代西方后现代主义哲学具有以下特征。

1. 后现代实践观的基本构架表现为没有客体底版的"主体—主体"两极或多极主体模式,用多极主体取代现代实践观的单一主体。这是一个核心特征。

2. 没有客体底版的单一实践关系。没有客体底版的实践,取消了"主体—客体"实践关系,实践变成了纯粹主体际行为,进而转向了语言交往行为。

3. 消解中心性,导致相对主义和非理性,主张宽容精神。取消了客体底版也就没有了主体性,没有了理性。多极主体间可以自由地凭需要、信念来行事或理解。多元价值选择的唯一根据是许多不同的"自我"的信念、愿望和需要,不再有评判是非的元标准,彼此需要宽容。

4. 交往、对话的单一实践动力观。交往的发展是主体际的相互作用史。

5. 历史性和差异性观点。历史性指没有超越历史的所谓一般存在、一般历史结构、一般真理,只有历史演化中的存在、结构和真理,这造就了视界的差异性。文本的视界与读者视界的差异是历史的差异。

6. 意义交往的主体际向度。意义理解与交流是后现代哲学的基础理论,强调文本、语言对多极主体的意义及其相互理解关系,有以下5个特点。

①意义理解框架的主体际性和交往性向度。后现代哲学意义论是对现代意义论"单一主体—客体"两极化框架的整体否定,其意义向度总体说是主体际的。

②走向实践的语用学意义。语用学意义在行为层面上判定语言或话语的意义。一个词语或话语的意义,当且仅当在于它的生活用法。语词的不同意义在不同的交往实践情境中转换,有内在关联,但向度不同。语用意义不完全受说话人主观意图控制,而是在说话

人和对话人的相互作用情景中产生。交往和对话是话语意义的增生机制。语用学是实践论的语言学转向，语言之根在于实践，语言之意义只有被视为实践的才有可能解读。

③意义的相对性。后现代意义相对观分为两种：一种以哈贝马斯、罗蒂等人为代表，强调意义的交往性和开放性，交往无中介客体和底版，所以，意义无固着性。另一种以德里达和福柯为代表，认为能指（符号）与所指（意）是分裂、不对应的，话语自身产生出随机意义。能指膨胀占据了所有空间。意义处在漂泊中。主体和意义都不是能指的原因；相反，却是其后果。

④话语权威批判。"说话就是权力"的话语权威批判是后现代语义论的基本思绪。

⑤差异性意义。多极主体造就多元意义。对话、冲突和理解，互文性意义，是差异主体性的基本范畴。差异造成平面化、多元化，造成众声喧哗，造成无主导或无规范的意义和理解，造成开放性，造成交往共同体的随机和飘零。合理性在差异中被消解。

7. 主体际的交往辩证法的特征表现为5个方面，如下所述。

其一，单一主体、大写的人的消解，以及多元主体间的相互关系成为辩证法探索的主题。

其二，否定与解构向度。将辩证法的批判——否定向度绝对化，拒斥任何肯定。

其三，反对整体化、同一性，强调断裂、差异和离散化。

其四，在多元化歧见中否定客体底版的存在及其制约性，反对规范化、绝对化，强调话语意义的多元性、流动性和相对性。

其五，出现了许多新的辩证法论题与范畴，拓展和丰富了辩证法的视野，如多元与一元、文本与意义、延异与同一、规范与歧义、整合与解构、共识与分识等。

后现代实践观总体上抨击、克服了现代实践观的若干缺陷，用多极主体取代单一主体，用主体际关系（包括意义交往、交往辩证法）填补了前者的空白，等等。但是，后现代实践观在全面否定前者的同时抛弃了其合理成分，如客体底版、主客体关系等，倒向了相对主义、虚无主义及非理性观，走向了另一个极端。

第二节 贯穿后现代哲学范式的营销理论及其品牌范畴

一、唐·舒尔茨的后现代整合营销传播体系与品牌范畴

20世纪90年代，唐·舒尔茨与田纳本、劳特朋合著了《整合营销传播：谋霸21世纪市场竞争优势》一书，唐·舒尔茨与海蒂·舒尔茨合著了《整合营销传播：创造企业价值的五大关键步骤》一书，唐·舒尔茨与菲利普·J. 凯奇合著了《全球整合营销传播》一书。通过这3部书，唐·舒尔茨创建了一套整合营销传播理论。

唐·舒尔茨与田纳本、劳特朋合著的《整合营销传播：谋霸21世纪市场竞争优势》一书在1994年再版时添加了副标题——"新

营销范式",这里的"新营销范式"是不是新范式?黄迎新在《整合营销传播理论批评与建构》一书中总结了学术界的看法,"中国学术界普遍认为IMC是一种理论","美国学术界普遍认为IMC不是一种理论"。而黄迎新本人则认为"IMC处于理论前范式阶段","IMC不是理论范式"。为了使其成为理论范式,《整合营销传播理论批评与建构》用科学实在论和建构实在论对整合营销理论进行重新建构。这里有一个值得深思的问题:唐·舒尔茨的整合营销理论到底有没有哲学基础?还有一个值得借鉴的思路:如果唐·舒尔茨的整合营销理论有自己的哲学基础,用科学实在论和建构实在论可以构建理论体系,那么,其他哲学思想也可以成为建构营销理论体系的精髓。

一个营销理论体系必须有自己的哲学基础、营销哲学、核心范畴。依此,唐·舒尔茨的整合营销理论的本来面目是什么?答案是:从传播视角创建了后现代主义的市场营销理论体系是唐·舒尔茨的整合营销传播理论的本来面目。

唐·舒尔茨整合营销传播理论体系的哲学范式特征如下所述。

(一)具有主体际倾向

"最基本的传播模式是根据刺激—反应的系统建立起来的"——人际传播模式。"从此人际传播模式中,我们可以看出,现在的大众传播或沟通,仅是从传送者(厂商)到接受者(消费者)的单向流动。"而"厂商和消费者之间经验、信息持续交流的需求,造就整合营销传播的概念。厂商搜集消费者的信息并存进资料库。消费者则经由购买、市场调查或其他方式将意见回馈给厂商。如此,双方的经验领域都可以扩大,也对彼此更加有用。此种互动的关系是整合营销传播的精髓"。这里,以信息累积的互动传播模式否定了"刺激—反应"的人际传播模式,"刺激—反应"是"主体—客体"哲学范式的表现,就是否定了"主体—客体"哲学范式。

消费者不是被动接受信息的刺激,而是"从获得的信息中,主动挑选要处理的信息",这表明消费者是有主动权的。

整合营销传播由"单向沟通转为双向沟通"。

"整合营销传播的企划模式和传统营销沟通的企划模式最大的不同,在于整合营销传播是将整个企划的焦点置于消费者、潜在消费者身上,而不是放在公司的营业额或目标利润上",这是营销目的上的根本不同。整合营销传播具有循环本质,"这就是真正的关系营销,能够使消费者与厂商达到双赢境界"。这与理查德·W.布坎南的后现代主义市场营销理论体系中的核心概念——"排除市场的障碍"(排除"主体—客体"障碍)一致,没有把消费者视为客体对象。

在《整合营销传播:创造企业价值的五人关键步骤》一书中,作者对"互动"做了进一步的阐释。"互动性就是共享的意思——不管是营销人员与客户之间……价值、意义与信息都随时共享。但是,大多数的营销方法都不是以共享为基础,而是以获胜为基础;而且,用语都透漏出这样的信息,比如'目标市场''赢得市场占有率''包抄竞争对手''发动广告闪电战''降价大出血',以及其他数以百计的暗示营销人员获胜而使另外一些人失败的对抗意味的用语"。根据亚当斯的社会交换不公论，唐·舒尔茨主张营销人员与客户对等互惠，买卖双方共享平等价值的对等互惠。

以上这些研究明显表明了营销传播的主体际倾向。

（二）无客体底版

无客体底版是指将使用价值的意义部分与使用价值的物质部分分割开来，产品、品牌、包装、售后服务都被视为沟通，被赋予意义的沟通，而其非意义的物质实体则被否定或忽视导致无客体、无交往现实基础。

"如果换个角度来思考传统营销，我们会发现，过去多年使用的营销技术与方法都是一些不同形式的传播、沟通……产品设计就是一种沟通……商品的包装也是如此……销售网络的状况更是如此……所以，事实上营销就是传播，而传播几乎就是营销。""由营销过程来看，我们认为从产品或服务的发展开始，从产品设计、包装到选定销售渠道等，都是在与消费者进行沟通。整个营销过程的每一个环节都是在与消费者沟通，让消费者了解产品的价值，以及它是为什么人而设计的。"即每一个环节都会让消费者产生新的感受——相对于竞争者产品而言。这里把使用价值理解为产品、品牌、包装所承载的意义，只从意义角度来看，把产品、品牌、包装的物质实体排除在外了，不承认物质实体是意义的载体、与意义的不可分割，即否定现实的中介客体的存在。

以上阐述的这些理论都符合任平总结的后现代主义的特征，一是主体际倾向，二是无客体底版。所以，唐·舒尔茨的整合营销理

第二章 后现代哲学范式及其品牌观

论体系的哲学基础是后现代主义的。进一步，我们看其营销哲学和核心概念。

1. 营销哲学。市场营销传播观念，即消费者为导向的营销，"以受众为焦点取代以产品为焦点的观念"。确切地说，是在平等的渠道成员间意义传播且以消费者为中心目倾向的营销观念。这是主体际倾向的哲学基础的必然。

2. 核心概念有3个，如下所述。

①整合营销传播。整合营销传播本质上是厂商与消费者双向互动沟通，而且是循环互动的关系营销。"厂商发展传播计划，并且加以执行；消费者回应；厂商从回应中得到有用的信息；根据消费者及潜在消费者传播沟通的需要与要求，调整修正传播计划；然后再将整个流程循环下去。这是真正的关系营销，能够使消费者与厂商达到双赢的境界。"

②接触。接触的定义是"凡是能够将品牌、产品类别和任何与市场相关的信息等资讯传输给消费者或潜在消费者的'过程与经验'……'接触'可能包括邻居、朋友间的口碑、产品包装、报纸报道、杂志与电视节目的资讯、商店内的推销话术、待客之道及产品在货架上的位置等……在购买后可能发生的'接触'方式，如消费者或潜在消费者的朋友……谈及某人使用该品牌产品的经验，也包括售后服务及各种客户申诉处理的方式……"这个概念之所以是核心概念，因为接触就是厂商与消费者的沟通，接触就是厂商与消费者的传播，接触所传达的是意义的交流，在整合营销传播企划模式中重要的一环就是接触管理。接触是实现整合营销目的的途径。

③品牌接触。品牌接触指客户在体验全套的产品或服务过程中认为属于该品牌的一切要素,它是以品牌为意义传播符号时的接触的具体化。

(三)品牌及品牌权益

品牌化是整合营销传播的驱动力。唐·舒尔茨的整合营销传播下的品牌定义指"品牌是一个由名称、象征、图像或其他可见、可认知的识别因素所代表的产品或服务,这些因素具有以下特征:①受到法律保护;②可有偿地交换或出售;③可创造买卖之间的认知价值;④有某种财务价值;⑤由品牌所有者管理从而获得持久的价值"。一句话,"品牌就是为买卖双方所识别并能够为双方带来价值的东西"。

在《唐·舒尔茨论品牌》一书中,唐·舒尔茨指出,"品牌建立在一个坚实的基础之上,那就是人们能够长期买进、信任、做出回应并高度重视的价值主张"。"品牌是通过买主与卖主、组织成员与组织之间、制造商与购买者之间价值主张的不断发展而树立起来的。"这是一种互惠互利的关系。一方面,顾客从品牌中得到价值、好感以及信任感,即顾客对品牌的感知、信任和情感,品牌为顾客增强信心、提供价值;另一方面,顾客的行为为品牌所有者带来现金流并为他们创造利润。

品牌要为两个不同的团体创造权益,一是企业员工和股东,二是客户和潜在客户。兼顾两者的品牌权益指"品牌权益是品牌呈现、识别与形象、认知品质和各群体对品牌承诺的组合,目的是为公司和其股东们累积长期的金融价值"。通过品牌呈现(客户、潜在客户了解该品牌及其意义的程度)、品牌识别与形象(所有者、营销人员、客户、潜在客户的看法)、品牌承诺(品牌与客户、潜在客户之间的忠诚度)、认知品质(客户的品牌联想)实现对股东和企业的价值。

在整合营销理论的营销哲学下,品牌虽不具有中介客体的性质,但也能为买卖双方带来利益,品牌权益是整合营销传播追求的目的。

结论:从传播视角创建了后现代主义的市场营销理论体系是唐·舒尔茨的整合营销理论的本来面目,品牌作为该理论体系中的重要概念,不具有中介客体性质,品牌传播是买卖双方的互动。

二、汤姆·邓肯的后现代整合品牌营销理论体系

汤姆·邓肯和桑德拉·莫里亚蒂合著的《品牌至尊:利用整合营销创造终极价值》一书从整合"综效"的概念出发,以创造品牌的终极价值为目的。品牌关系成为整合营销达到终极目的的核心手段,企业的一切营销活动都向品牌聚焦,通过 IMC 的运作来经营品牌关系、强化品牌关系,从而积累丰厚的品牌资产。

下面,我们以《品牌至尊:利用整合营销创造终极价值》一书为解读对象,仍然从哲学基础、营销哲学、核心范畴来分析汤姆·邓肯的后现代整合品牌营销理论体系。

(一)哲学基础

汤姆·邓肯的整合品牌营销理论体系具有两大特征,如下所述。

品牌理论与哲学范式：交往实践唯物主义及哲学比较视阈

1. 主体际倾向。"教导员工要以顾客的利益为优先，而不以销售为目的。""积极而有意义的对话对顾客和公司而言，都是一种互惠的沟通。"以顾客为主的公司积极与客户互动，无论是购买产品、询问资料、申诉抱怨还是要求维修产品。鼓励互动的程度是促进顾客支持公司的决定因素，也是公司提供给顾客和其他利益关系人更好服务的基础。

以客为尊的营销哲学就是把顾客摆放在第一位。"公司能在货源供应、具有竞争性产品等方面有新突破，或在考虑过其他服务性因素之后，仍觉得竞争者价钱较划算的特殊情况下，建议现有顾客或潜在顾客去购买竞争品牌，便算是真正通过了以顾客利益为优先的考验。当一家公司愿意冒着失去生意的危险，只求为提供顾客更好的服务时，已经达到了顾客至上的最高境界。要做到以客为尊，需要企业信心与策略计划做后盾，以确保顾客群不会因为一次的买卖而永远流失。"

以上这些理论表明了汤姆·邓肯的后现代整合品牌营销理论体系的主体际关系的倾向。

2. 无客体底版。整合营销是"经营有利于品牌关系的一种交互作用过程，通过带领人们与企业共同学习来保持品牌沟通策略上的一致性，加强公司与顾客、其他关系利益人之间的积极对话，以及推动增进品牌信赖度的企业任务"。塑造品牌关系是整合营销的目标，品牌关系建立是公司全体员工共同的责任，需要员工用核心价值观和企业文化与顾客互动，并保持策略一致。而这种互动具有价值观的意义指向，是意义指向的互动，是无品牌物质实体存在的互动，因而是无客体底版的互动。由此可见，汤姆·邓肯的整合营销市场营销理论贯穿着后现代哲学范式。

（二）营销哲学

在以客为尊（上文已经解读）的前提下进行整合营销，即"经营有利于品牌关系的一种交互作用过程，通过带领人们与企业共同学习来保持品牌沟通策略上的一致性，加强公司与顾客、其他关系利益人之间的积极对话，以及推动增进品牌信赖度的企业任务"。这种营销哲学通过核心范畴体现了后现代主义的内在要求。

（三）核心范畴

1. 整合营销。整合是"从营销目的、过程、目标与行动的统一，在不受任何部门管辖的前提下，与现有和潜在顾客、消费者、股票投资人及其他重要关系利益人进行一致性的互动"。"整合营销经营有利于品牌关系的一种交互作用过程，通过带领人们与企业共同学习来保持品牌沟通策略上的一致性，加强公司与顾客、其他关系利益人之间的积极对话，以及推动增进品牌信赖度的企业任务"，体现了营销哲学。

2. 品牌关系。整合营销的目标是经营品牌关系。关系利益人自动整合出的一连串品牌信息，即代表了他们与品牌之间的关系，因而决定了他们支持品牌的程度如何，将关系利益人对品牌的支持度累积起来，就构成了品牌资产。这里，建立品牌关系是最重要的手段。

三、后现代主义营销理论体系及其品牌范畴综评

1. "后现代主义首先是一种危机和批判意识,是对现代主义理性的解构和断裂。"现代主义理性是西方现代化精神之本。"后现代哲学的共同价值取向是抛弃理性而走向非理性,反对认识论("主体—客体"哲学范式)而推崇主体际对话和商谈,反对客体底版而强调无基础主义束缚的自由和多元话语,无规范的沟通和交往。"唐·舒尔茨的整合营销传播、汤姆·邓肯的整合营销是建立于关系营销这一相对独立理论基础之上的。唐·舒尔茨的整合营销传播、汤姆·邓肯的整合营销有着独立的理论范式,与《整合营销传播理论批评与建构》一书的理解有着根本的不同。

2. 电脑化、网络化交往的社会,"每一个参与者绝不是单纯的主体或客体,即信息的发送者和接受者,而是互主体性的交往者"。唐·舒尔茨和汤姆·邓肯的两种后现代主义整合营销传播理论体系,在主体际的倾向上是一致的。

3. "将'主体际'和交往行动都理解为一种'主观际'精神交往活动,而未能从交往实践、物质交往的角度对主体加以现实的、客观的、感性的规定……其谬误不在于肯定和弘扬精神交往中意义理解与诠释的重要性,而在于忘却和否定了真实的基础——现实、客观的交往实践。"唐·舒尔茨和汤姆·邓肯的两大营销理论体系,在无客体底版的意义交往上是一致的。只强调商品、包装、品牌的精神意义,及在主体际间的作用,而否定商品、包装、品牌等作为物质的现实的交往中介的作用,将作为使用价值的物质实体与作为

使用价值的精神意义割裂。

从交往实践观角度来讲,可以把营销渠道理解为营销物流渠道(供应商——➤生产商——➤中间商　➤消费者)与营销传播渠道(生产商——➤媒体/营销人员——➤消费者)的整合系统,那么,营销物流渠道上的交换实体则包括商品、品牌、包装等,而营销传播渠道则传播商品或生产者对消费者的信息、意义。二者紧密配合,物流渠道走到哪里,信息渠道就开辟到哪里。而后现代主义营销割裂了二者关系,抛弃了物流渠道和客体之物质实体,只保留了可以用于传播的意义,以传播代替商品在渠道成员间的流动,丢掉了客体底版,犹如剪刀少了一翼,也就没有了剪刀的功能,变成只具备刀的功能了。传播即营销,单从传播视角来看,似乎可以全面反映营销的事实,实际上是以偏概全,用局部结构代替整体、否定整体。这也正是后现代主义重要理论——后结构主义的重要特征。

4. 营销哲学的一致性　顾客或潜在顾客为中心目的倾向,唐·舒尔茨的营销传播哲学、汤姆·邓肯的整合营销哲学都具有这一倾向。

5. 核心范畴上的差异。唐·舒尔茨的营销传播、顾客资产与汤姆·邓肯的整合营销、品牌资产形式上存在差异,表明了他们的营销理论体系在表现形式上的不同。

6. 对后现代主义的营销理论体系及其品牌概念做"主体—客体"式的现代主义解读,不是进步,是否定了科技进步对客体的创新,进而否定其对推动社会进步的作用、对消费者合理需求满足的意义。这在实践上也是有害的。

7. 后现代主义是反抗科学主义过程中出现的思潮的共同趋向。由于理论本身对客体的否定，使得其有重大缺陷。这导致后现代主义的市场营销理论及其品牌范畴的命运——在现实中不能成为主流，而是作为一种相对独立的理论体系而存在。实际情况是：后现代主义的市场营销学也被科特勒实用主义改造、吸纳，成为西方主流营销理论体系的营养质。后现代主义的市场营销理论及其品牌范畴当然存在，但处于非主流地位。

8. 随着移动互联网络的出现，尤其是国内的QQ和微信的大肆应用（QQ和微信的用户已经数以亿计），虚拟的社群营销、微信营销、场景营销理论在近几年迅速崛起，这些理论大多具有后现代主义主体际的哲学范式。对整合营销理论及其品牌范畴所蕴含的哲学范式进行揭示，对于分清这些新兴的营销理论及其品牌概念的实质具有启发和指导意义。

第三节 "品牌即信誉主体与信任主体的关系符号"的内在哲学范式

《品牌研究》2016年第1期（总第1期）中的《品牌即信誉主体与信任主体的关系符号》一文提出一个观点，品牌本质即信誉主体与信任主体的关系符号达成。

从品牌本质的界定看，该观点的品牌本质涉及双主体，显然不是"主体—客体"哲学范式下的概念。那么，此概念所贯穿的哲学范式就有两种可选项：要么是主体际哲学范式的概念，要么就是交往实践观哲学范式（即"主体—客体—主体"）下的概念。如何判断？关键是看品牌符号怎么界定的：品牌是中介客体还是无边流动的能指，其所指有固定意义还是流动意义？

品牌理论与哲学范式：交往实践唯物主义及哲学比较视阈

交往实践观的品牌是中介客体，其指向的主体不是单一的，而是多元的，其品牌指向的意义是固定的。而主体际哲学范式中，无中介客体，品牌作为无边流动的意义而存在。主体际哲学范式下无客体底版，品牌不是中介客体，主体际交往是无边流动的意义的交往。

该文从3个部分展开论证。第一部分，品牌的信誉主体性；第二部分，品牌信誉由信任主体建构；第三部分，信誉主体与信任主体的关系符号达成。

该文第三部分一方面以"信誉主体与信任主体的关系符号达成"界定了品牌符号，另一方面又指出"对于品牌符号的认识，品牌是包括组织与个人在内的品牌主、以可以进行传播流通的符号能指以及符号所指的内在事务（产品、服务、行为等）通过消费扩散、而在消费者或接受者那里产生的倾向性的印象，是品牌主与以消费者为核心的受众一种聚焦性的信誉约定"。

上文中的另一方面是对品牌符号的解释，其中的符号是能指，而"所指"指向产品、服务、行为等内在事物，这是"主体—客体"的"能指—所指"意义。而"品牌符号是信誉主体与信任主体的关系符号达成"，表明符号唯一指向主体际——"信誉主体与信任主体"。二者显然存在矛盾。也就是说，品牌与受众之间是何种关系？品牌是处于单向传播还是处于互动传播中？品牌是以固定意义指向多主体和其他客体的中介实体，还是在主体际间意义不断变换？答案不清楚。反而容易引起单向传播的理解，与"品牌本质即信誉主体与信任主体的关系符号"中双主体的规定似乎矛盾。

进一步而言，该文有这样的叙述，"关系契约中的交易各方并不是陌生人，他们大多数的互动发生在合约之外，不需法院根据看见的条款来执行，而代之以合作和威胁、交流与策略这样一种特殊的平衡机制。由于契约的关系嵌入性，契约总是在一定语境下发生的，只有在特定的语境中，当事人、当事人的行为、当事人的合意判断和合意内容才能得到准确解释和阐释"。

在上面这段叙述中，合约有固定的条文，这段文字说明信誉主体与信任主体之间意义的不确定。进一步而言，交易各方的互动在合作和威胁、交流与策略这样一种特殊的平衡机制中进行的、建立关系契约的。而且，契约仅仅是信誉主体与信任主体关系的嵌入，契约只有在特定语境下发生，在特定语境下才能被准确理解。变换了语境与场景，契约关系就要发生变化，即信誉主体与信任主体之间意义的传递是变化的，没有固定意义。所以，由此可以判断：品牌不是中介客体，只能是无固定意义的能指符号。意义不确定，在主体间交往中意义有了无边际的流动性，有多少受众主体就有多少意义理解，能指（符号）与所指（意义）是分裂的、不对应的，话语自身产生出随机的意义。只有符号存在，而没有符号意义的本质性，以品牌符号存在取代品牌符号意义。故而可以判断对品牌这一概念的界定是主体际范式下的界定，这也许是该文的原意。

我们在此基础上再深入分析。首先看该文的第一部分——品牌的信誉主体性。

该文认为品牌"其背后必然站立着大写的人"，并以笛卡尔的"我思故我在"作为证明人具有主体性的论据。这是"主体—客体"哲学范式的理解，是正确的。但是，该文同时把马克思主义哲学对

品牌理论与哲学范式：交往实践唯物主义及哲学比较视阈

人的实践主体性（"主体—客体—主体"哲学范式）也做出了"主体—客体"哲学范式的理解，并且作为人具有主体性的论据，显然是把不同哲学范式的论据理解为无差异。在"主体—客体"哲学范式下，主体是大写的人、单一信誉主体，那么，信任主体自然不成立、不存在。此时的品牌作为客体，其意义指向单一信誉主体及其他客体，品牌的信誉主体性只能是单一的信誉主体性，排除了主体际性。这与该文第三部分中关于"品牌是双主体的关系符号"的界定显然是矛盾的。

再看该文的第二部分——品牌信誉由信任主体建构。

该文的第二部分引用了整合营销传播领域两位大师唐·舒尔茨和汤姆·邓肯对品牌的界定作为论据，以证明品牌拥有者是消费者（信任主体）。本章第二节已经论证过，营销传播理论是贯穿着主体际哲学范式的营销理论，品牌是无客体底版的符号，意义无固定。所以，这种论据是可以的。接下来，该文用"将哲学认识论与传播学结合起来，我们则可以看到西方主流的大众传播研究传统，是一条由传播者（我）指向受传者（他）的路径，'受众'概念是典型的第三人称取向"。该文同时认为"我们则可以看到西方主流的大众传播研究传统……受众概念总缺乏主体性"，这种路径下受众缺乏主体性，不适合用于建构信任主体性。西方哲学认识论是西方近代哲学的专有范畴，西方主流传播学与西方认识论一致，传播者（我）是主体，受众则不可能为主体。这段话理解基本正确。该文随后提出"品牌信誉由信任主体建构"与中国传播思维（我—我）对接，"'接受主体性'在庄子、慧能、王阳明三位思想家身上实现了会通"。庄子、慧能、王阳明的哲学思想具有主体际哲学范式，这种对接也是解决途径。但是，该文第一部分的论证已经否定了信任主体的存在，那么在第二部分论证信任主体建构品牌信誉，显而易见是矛盾的。在主体际哲学范式下，不管品牌信誉（意义的）是否具备固定的意义，必须同时指向主体际（间），该文分割开来论证是对主体际（间）性理解有误造成的。

综上所述，该文想论证"品牌本质即信誉主体与信任主体的关系符号"（从该文第三部分论述来看）这一主体际哲学范式下的品牌概念（一种品牌意义多变的品牌观）。但是，该文用"主体—客体"范式而不是在主体际范式下来论证信誉主体，意味着双主体的不可能，因而对于"信任主体建构品牌信誉"的论证是没有说服力的。该文前两部分与第三部分论据所包含的哲学范式不一致，贯穿着不同哲学范式的论据混杂在一起，导致论证奇特。对哲学范式的误读必然导致解释的混乱，该文的观点站不住脚。

第四节 超常消费与鲍德利亚消费符号的内在哲学范式

符号学视阈下,品牌不过是能指符号而已。有学者以罗兰·巴特符号学理论为基础,在认可鲍德里亚的《消费社会》一书中的观点、认可"符号=身份地位"前提下,主张"在符号消费时代,品牌是消费者炫耀性消费、象征性消费的重要对象,是体现其个性和身份地位的象征",并且把消费者对虚化为象征意义的品牌符号的认同、实现品牌价值的过程称之为超常消费现象,进而以此为前提研究品牌如何创造意义、如何实现品牌崇拜。上述品牌符号的观点贯穿着怎样的哲学范式?我们知道,鲍德里亚深受罗兰·巴尔特的影响,并接受了其符号学思想,用之分析社会,形成了独特的理论体系。通过分析鲍德里亚理论体系中贯穿的基因——哲学范式，可以得到答案。

唐正东在《当代资本主义新变化的批判性解读》一书中，站在历史唯物主义的立场上对当代资本主义的消费活动进行了批判性解读，对认清消费的对象和本质，从而认清后现代哲学范式下的品牌观具有指导意义，我们摘录并类比归纳如下。

一、鲍德里亚消费对象与品牌

1. 鲍德里亚认为，"要成为消费对象，物品必须成为符号，也就是处于一个它只做意义指涉的关系。因此，它和这个具体关系之间存有的是一种任意偶然的和不一致关系，而它的合理一致性，也就是它的意义，来自于它和所有其他的"符号—物"之间抽象而系统的关系"。

2. 在鲍德里亚看来，"物质性的物品和产品只是花费、拥有的对象，而不是消费对象。只有那些能够转变成系统中的符号的物品，才是真正的消费对象"。

3. 鲍德里亚认为，"传统物品身上所具有的那种象征关系，在当代工业文明的物品身上已经隐退。物在形式层面已经挣脱了象征关系的束缚，并且实现了形式的自我完成"。他把这种现象视为日常生活层面的一次革命，"消费对象并非作为使用价值的物，而是作为符号价值的物"。

4. "只具有某种特定的、具体的意义指涉关系的物品，还不是消费对象。只有那些与具体的意义指涉关系只具有偶然关系，并且与其他作为符号的物共同处在一系列关系中的物品，才是真正的消费对象。"这里的意义有两层：一是象征物不是消费对象；二是在"符号—物"的消费过程中，真正被消费的其实并非其物质性内容，而是其差异性的符号地位。

从以上观点可以得出，鲍德里亚所说的消费对象是有条件的。物品，既要能够转变成系统中的符号，还要与具体的意义指涉关系只具有偶然关系，并且与其他作为符号的物共同处在一系列关系中，才能成为消费对象。这种偶然关系显然是一种意义的不确定性，消费对象作为意义不确定的符号而存在于消费活动中。把品牌视为鲍德里亚的《消费社会》一书中的消费符号，显然是把品牌作为消费对象看待，那么必然具备上述条件。

二、消费对象化的符号功能

"它失去了客体维度上的、实用的功能，但它仍保留着一种特定的功能，即彰显主体意义的内涵或意义的功能……其属性是由主体赋予的，因而，它们必然会处在一个完整体系中，而不可能作为单一的物存在。"

"由于这些符号是主体赋予的，或者说是主观论述的，因此，它的意义在于凸显其主体在某种等级次序的地位。"

用符号/价值的逻辑界定消费领域。"消费者通过符号的消费并非为了彰显自己原有的、特定的团体或地位特征，而是为了摆脱这种原有的团体或社会地位，进入到一个更高的团体中或提升自己的地位。这就是为什么符号消费的内在逻辑不是象征性交换，而是社会区分逻辑的原因"。在日常生活中，通过吃、喝这种消费加强了少数人圈子，而把没有消费能力的人推出圈外，消费能力差的人自然不加入这类小圈子中。相对于消费能力差者，这是一种地位等级高的虚假的自我满足的彰显。

鲍德里亚认为，"消费者通过符号消费建构起了等级性社会秩序……消费本质上也是一种控制，它的目的在于通过这种控制来完成对劳动力的扩大再生产"。

"物的意义并不存在于它与主体（某种特定的'物'）……的关系中，在其中，它被操纵着（作为一种工具的物）；它的意义就在它与其他物的关系中，存在于依照意义的符码的等级而具有的差异之中。"

"只有当物自变地成为差异的符号，并由此使其体系化，我们才能谈论消费及消费的物。"

由以上的论述可知，符号所彰显的主体意义的内涵或意义的功能是凸显其主体在某种等级次序的地位，建构起等级性社会秩序，进而完成对消费者的控制。这里，鲍德里亚从统治与控制的角度来解读消费，不是从基于生产过程内在矛盾的角度解读消费的。消费的意义不是满足物质需求，而是完成对消费者的编码并进而完成对他们的统治。

三、符号消费意义的局限

唐正东认为，现实社会历史进程中，消费活动并非是一种能够独立地建构人与人、人与世界之间关系的主动模式，而是在消费能力、消费阶层等社会规定性方面均受到生产过程制约的活动模式，它不可能反映消费活动的整体内涵或本质特征，只可能反映某种消费现象的特定内容。由于撇开了生产关系制约性的维度来谈论消费活动，因而，这种消费活动不可能具有展现矛盾性的经济关系的内容，而只可能凸显出文化维度上的内涵，即人与人之间、人与物之间的关系，不是消费活动由此产生的现实语境，而直接是某种自由的、自主的消费活动创造出来的结果。也就是说，"人的观念由其在现实社会关系中的地位尤其是阶级或阶层地位所决定的。对于西方马克思主义哲学研究者来说，人的观念是在特定意识霸权下所形成的，也就是说，它跟具体的个人所处的阶级地位没有关系，只跟他所受到的思想和文化的影响有关"。鲍德里亚从当代工业文明在文化维度上所特有的作用模式的维度上理解消费活动，有如下3个方面的局限。

第一个局限，"鲍德里亚没有站在社会历史观的层面推进自己的解读思路，他只是从文化社会学角度来展开论述的。他不可能看到具体的历史情境中物与人这两者都具有的社会历史规定性，更不可能看到所谓的物之迷失和人之异化，其实都是历史性的社会关系之内在矛盾性造成的"。这就是说，鲍德里亚的观点与历史唯物主义原理相矛盾。

第二个局限，否定生产过程（广义）对消费的根本制约。消费的社会规定性其实是由生产过程所给予的，"生产为消费创造的不只是对象。它也给予消费以消费的规定性、消费的性质，使消费得以完成"。不仅适用于具体物的消费，也适用于"符号—物"的消费，因为正是特定的生产关系才造就了有条件进行符号消费的群体。因此，符号消费性领域尽管不具革命性，但生产领域中的矛盾运动会把革命的动力传输给消费领域，从而导致这一领域的转型或变革。

第三个局限，"他把财富消费与符号消费彻底地区分开来，这种做法其实是有问题的。任何一个社会形态中，财富消费活动其实都是在一定文化模式下发生的，当代工业文明社会当然也不例外。因此，我们应该把消费社会之特有模式的符号消费理解成财富消费在当下文化中的一种具体表现形式，而不是与财富消费截然对立的另一种消费模式"。

从上述局限可知，首先，符号消费不是孤立的消费领域的活动，是受生产过程（广义）决定的；其次，仅从文化社会学角度理解消费活动是片面的；再次，财富消费与符号消费是不能分开的。当品牌被符号化，成为孤立的消费领域的符号活动，与财富消费——商品体（整体商品的主体部分）彻底分离，其局限性就显而易见了。但是，唐正东没有明确提出鲍德里亚思想的哲学范式，张天勇在《社会符号化：马克思主义视阈中的鲍德里亚后期思想研究》一书中站在历史唯物主义和马克思主义哲学交往实践观的立场上对此做了更为深刻的分析。张天勇指出鲍德里亚消费理论的特点主要有以下几个方面。

其一，反大写理性。鲍德里亚的理论是反理性的，反对人在理性基础上的人与自然的人的二元分裂，因此，必然反对生产理论（生产是人们的理性需求造成的匮乏的必然要求），最明显地体现在其象征交换理论中，象征交换理论是反理性的，是人与自然之间的一种可逆性的互换。其二，反大写主体性。反大写理性本身就必然是反大写主体的，人们之所以会成为大写主体是因为有大写理性，正因为人的理性造成了人与自然的分裂，使人成为统治对方的大写主体，而对方不再是主体，却沦落为被统治、奴役的客体。其三，看到了"主体际"问题。鲍德里亚用物的符号编码意义区别体系来解决"主体际"问题。主体之间的区别连接通过物符号的消费区分开来、连接起来。这样一来，物的符号如何理解？

鲍德里亚深受罗兰·巴尔特的影响，并且接受了其符号学思想，用之分析社会。鲍德里亚直接借用符号学中对符号的理解，把它等同于物的符号。符号学中用实物、国家、动作等实在东西（语言符号）来表（所指）的，物的符号亦如此表意。而实质上，"作为符号学的语言符号学的能指与作为物的能指有着根本区别：物不仅仅是能指，有作为符号指向某种主义的向度，但客观上它又有着能满足人们衣食住行的客观功能"，而这个客观功能与符号学之能指的差异方面被忽略不计了。或者说，"符号学里作为语言符号的能指没有客观的功能，它仅仅是作为能指指向所指，物的符号除了作为语言符号的功能指向所指外，还有客观功能"。

物的符号所代表的身份、地位不是固定不变的，而是变动的，消费（即时的）、消费存在期（新的更好的代替旧有的之前的存续期）就有特定的意义。不消费或超出消费存在期，物的符号意义就发生变化。主体际下，物的意指不仅指向购销双方，而且指向更大范围的不同消费能力、层次的消费者之间。这符合主体际哲学范式的特征。所以，鲍德里亚的消费符号理论是蕴含着后现代主体际哲学范式的。所以，认同并建立于此理论基础之上的超常消费品牌符号理论自然走不出后现代主义的影响。自觉不自觉地将品牌理论建构于此基础上，不分其蕴含的哲学范式，终究还是沿着西方的研究和实践轨道前行，无益于品牌理论的中国化，无法纳入中国化品牌创新的轨道。

第三章

马克思主义哲学交往实践观下的品牌观（上）

导读

第一节　交往实践观和《资本论》对品牌研究的意义

第二节　品牌理论与垄断资本全球化——《资本论》视阈

第三节　品牌的本质：品牌是特殊的商品

第四节　品牌的本质：广义社会符号化理论下的品牌符号

第五节　品牌和企业品牌文化与消费（社会）价值观

第一节 交往实践观和资本论对品牌研究的意义

交往实践，即多极主体间的社会物质交往活动，是无数人交往活动交织构成的总结构的内在基础，它派生着和制约着人们的认知、语言、道德、价值、情感等一切精神交往过程。

一、交往实践特征

交往实践是诸主体间通过改造相互联系的中介客体而结成社会

关系的物质活动。这一概念辩证地汲取了现代实践观和后现代实践观的积极合理的成分，又科学地超越了二者，具有以下几个特点。

1. 交往实践是主体间物质交往活动，具有主体性、交往性和客观性统一的特征。交往实践是在"主体—客体—主体"框架中界定主体本性的。所谓交往实践的主体性指以客体为中介相互联结的诸主体间物质交往的图景，即强调多极主体的存在意义，具有参与交往的多极主体性。所谓交往实践的交往性，指交往主体的交往关系首先是人类生产的一般前提，然后又构成生产的、分配的、交换的、消费的关系，构成"主体—客体—主体"的交往实体结构，形成生产共同体的纽带。从意义结构来看，交往实践的交往性其意义是双向的，对各个主体都产生了意义，而且各个主体意义之间是相关的，人们可以据此设定意义，建立符号化体系。所谓交往实践的客观性指在交往活动的体系中进行的物质活动，其社会实践的实体结构、意义结构、辩证结构都是客观存在的。从意义结构来看，交往实践对各个主体的客观指向和利害得失与主体对意义的领悟是有区别的。交往实践的交往性与客观性在实体结构、意义结构、辩证结构均得以体现。

2. "主体—客体""主体—主体"双重关系的统一结构。交往实践观在结构上是现代实践观（"主体—客体"）和后现代实践观（"主体—主体"）的统一，它扬弃了二者各自的片面性缺陷，而将之作为两个各具必然合理性的环节包含于自身。

3. "主体—客体—主体"相关性模式。这一模式是以实践客体为中介而联结起来的诸主体模式。现代实践观的"主体—客体"相

第三章　马克思主义哲学交往实践观下的品牌观（上）

关性框架是以与诸主体社会交往关系分离为特征的，撇开了主体际关系，不能彻底解释"主体—客体"何以相关的根据。而交往实践观中，任何单一主体对客体的改造同时就载负着、实现着"主体—主体"交往关系，并受其牵引和制约，早已处在另一个主体实践作用的关系中。后现代实践观的"主体—主体"框架是对现代实践观的消解，因主张非理性、相对主义且抛弃客体底版，导致虚无主义。交往实践观是对现代实践观更完善的肯定。"主体—客体—主体"框架将"主体—客体""主体—主体"双重关系在模式上内在统一起来，实现了对两者的超越。

交往实践模式中的主体是具有交往关系、社会差别的多极主体，是参与交往实践、介入各层次交往模式的个体和群体。主体本性和资质的现实规定，是相对于"主体—客体—主体"相关交往实践结构的产物。一个主体的本性和资质都实际地相对于中介客体和另一个主体而言，因而是交往主体。

中介客体不是脱离人的、没有主体相关性的客体，也不是仅从"主体—客体"相关性上去界定客体，而是在交往实践中、在"主体—客体—主体"框架中对客体做出的界定。交往实践观中所指称的客体是社会客体，商品、货币、资本等都属于社会客体，它处于交往的中介地位，具有交往性、中介性等特征。马克思认为，社会客体的存在，表面上看来是物物交换的过程，实际是"人际交往过程"，物物关系是主体际交往的中介。商品、货币、资本等增殖化是在一个总交往过程中实现的，既离不开"主体—客体"劳动过程，更离不开生产、流通等价值实现的过程（即"主体际交往过程"）。客体具有的社会性——价值，是超感觉的存在，是商品内在美丽的灵魂，是社会关系、人类抽象劳动的凝结。客体的属性，其指向主体性不是单一的。价值实现指向商品所有者，使用价值指向交换者，最后指向消费者。而由于消费与生产一样，都是整体交往化实践的一个环节，因此客体的多向指向性并没有因消费而停止指向。相反，消费也是生产。不仅生产性消费是生产，而且生活消费也在"观念上"制造再生产的目的。

中介客体存在形式随交往活动的多层次而多样化。从物质人工制品到精神、语言客体，呈现出一个庞大的、有序的客体世界。其基础是物质制品层，然后是"精神—语言"层。

4. 双向建构、双重整合。交往实践的建构功能是双向的，它既建构交往关系结构，又建构参与交往的主体。对交往关系的建构，既不断形成历史规范结构，又否定这一结构，造成历史规范结构、社会形态的新旧迭代；对交往主体的建构，即反身性，是主体对于交往成果的内化，改变自身固有的主体图式、情势、本性，达到人的开化。所谓双重整合，即一方面交往整合各个主体的形态，另一方面整合各个主体的共同体。这一共同体究竟属于"血缘的""虚幻的"，还是"自由人联合体"，应当由交往实践本身规定。

5. 系统性。交往实践的"主体—客体—主体"相关模式在全部交往社会中具有"全息完形"性质。交往实践的扩展，可以在多元、多层、多维中实现。

6. 历史性。交往实践既有静态的结构，又有历史化的性质。在交往实践的辩证法中，规范构建和否定消解都是历史的，其具有三大功能：重建历史——文化价值系统，重建后现代社会规范和精神，个体社会化整合。

二、交往实践的社会结构

交往实践的社会结构主要包括交往实践的实体结构、意义结构和辩证结构3个向度。

1. 交往实践的实体结构，即交往实践的现实运动的解剖学结构。交往实践不但发生主客体双向变换过程，而且还在主体间运转，发生双向建构和双重整合过程，可分为微观和宏观两个方面。从微观结构来看，就是"主体—客体—主体"结构内含"主体—客体—主体"相关规律，以及与此相应的双向建构、双重整合结构。本书从微观结构上理解市场营销实践活动、市场营销实践结构。

2. 交往实践不仅表现在实体层次上人与自然、人与人的相互作用，而且更重要的是在客观实践的意义层面的相互投射，即意义结构。既相对于现代哲学单一主体性和以语言作为能指工具的意义理解图式而言；又相对于激进的后现代"主体—主体"意义域，只有精神交往、"意义的主观际"关系，而没有意义的客观关系而言。交往实践观意义具有如下几个方面的内容。

一是意义的客观性。意义源首先是交往实践，而意义是交往实践对各个主体的客观指向和利害得失。它发生于交往实践过程中，又相对独立于各个主体的需要、利益和存在状况，是交往实践过程的一部分，因而（或者说首先）是客观的。意义离不开主体的存在。

在交往实践中，对每一个主体来说，意义的作用方向是双向的。一方面是交往实践对于主体的实际意义，另一方面是主体设定、赋予行为过程以意义。这是统一过程的两个意义作用流向，两者是不同的。前者是客观意义，后者是主观意义。

二是意义的主观设定及其交往。一个主体可以通过主观设定的行为来与另一个主体进行意义行为的交往，这是一个多极主体的意义互动过程。由于主体论分裂了实践的"主体—客体"与主体际的关联，无从理解意义的规范问题。

三是意义的交往性。交往实践的意义是双向的，对各个主体都产生了意义，而且各个主体产生的意义之间是相关的。一方面，交往实践受一个主体驱使，将这一主体设定的意义投向另一个主体，它带着全部活动的符号系统作为脱离主体的独立环节，游离于主体间的场中，成为意义的载体。而另一方面，另一个主体给予它以新的意义。两种意义在交往实践互动叠加中形成一个完整的意义结构，即意义场。当然，意义结构也是双向建构、双重整合的过程。这一意义场为所有参与交往者提供着一整套意义行为规范。任何主体行为都在场中被赋予"固定化"的交往意义，这成为交往实践的普遍先决条件。

3. 辩证结构。辩证结构是实体结构和意义结构的统一，它表明在社会整合和主体整合的程度上及历史发展的模式上都是辩证的。实体结构在向辩证结构的转化中往往呈现肯定、规范的向度，意义结构常常呈现对历史规范结构的否定、批判的向度。两者的相互作用呈现辩证结构。

交往实践观强调"主体—客体"和"主体—主体"辩证法各自片面性的克服及把握两者的统一，是在统一中把握"主体—客体—主体"辩证法的整体观的。其中，它特别注重对肯定、规范向度和否定批判向度关系的把握。两种向度都是交往实践整体运作的功能性方面，而不是某一成分。

肯定、规范向度的功能有4个：①强调交往场的协调有序和基本稳定，对历史规范结构的建构以及维护；②肯定、规范向度是自我社会化、建立和整合群主体形态的基础；③肯定、规范向度是交往实践及其关系场不断发展的前提、基础和条件；④肯定、规范向度还是合理性尺度。在特定交往关系场、意义场中，只要不同主体间存在可通约底版，就能建立约束和维系各个主体的合理尺度，它是交往实践意义结构的通用规范。

否定、批判向度其本质是反规范、反主导合理性的重构。肯定、规范交往中包含着否定向度。否定、批判向度有两类：一是对规范结果的否定，而不否定其原有规范的底版和前提；二是对结果和前提都否定，属于基础性批判。

这两个向度是同一过程的两种向度、两个侧面。任何交往实践，包括个体交往实践，都或多或少地包含两种向度。

三、贯穿"主体—客体—主体"哲学范式的《资本论》对品牌研究的意义

由上述叙述可知，"所谓交往实践，是指多极主体间通过改造或

品牌理论与哲学范式：交往实践唯物主义及哲学比较视阈

变革相互联系的客体的中介而结成网络关系的物质活动。交往实践认为，人类实践结构由'主体—客体—主体'三体构成，它贯穿着'主体—客体'与主体际双重关系（需要特别强调的是，主体是心物一体的主体，不是心物两分的主体）。在这里，'中介客体'向多极主体开放，与多极主体同时构成'主体—客体'关系；作为异质主体的主体际关系是建立在'主体—客体'关系上的，通过'中介客体'而相关和交往，并相互建立为主体的关系。'主体—客体—主体'关系范式中，表征着以客体为中介相互联结的诸主体间交往的图景。以往，对马克思主义哲学交往实践观的理解，将之归结为'主体—客体两极模式'（心物两分的主体），忽视了主体际关系和多极主体的存在；而后现代主义在解构'主体—客体'二分结构、强调主体际存在的同时，又从根本上否定客体底版的存在。因此，交往实践是对传统实践观和后现代实践观的双重扬弃和超越，是对时代精神的反映"。

《资本论》的内在逻辑中贯穿着交往实践唯物主义思想。"马克思在1844—1846年间，从《1844年经济学哲学手稿》《关于费尔巴哈的提纲》和《德意志意识形态》往后延伸到《资本论》时期，发生了一个哲学视野的大转折：即从'实践的唯物主义'向以真实的社会实践、社会关系研究为主线的交往实践观的转变。""在《德意志意识形态》中，马克思系统地提出了交往实践的思想，并进而在《资本论》中系统地提出劳动二重性的经济学原理，为马克思的哲学和经济学奠定了基础。"马克思特别强调以交往实践观为核心、以经济关系和社会关系决定人的本质、形成生产方式、市民社会和世界

第三章 马克思主义哲学交往实践观下的品牌观（上）

历史为理论表征的新历史观。"在《资本论》中，马克思将交往实践观娴熟地运用于资本存在形式的分析中，并由此提出了交往实践观更明确的形式。马克思对劳动、资本和剩余价值生产等二重性的分析，对商品交换以'物的关系'掩盖多元主体间关系的考察，都揭示了交往实践观的科学内涵。""《资本论》中'大写的逻辑'正是对商品、货币、资本等一系列具有物的外表的社会存在背后的人与人之间交往关系的逻辑的深刻分析，因而是典型意义的、科学的交往实践观的逻辑。"任平在《交往实践与主体际》《交往实践的哲学：全球化语境中的哲学视域》《走向交往实践的唯物主义——马克思交往实践观的历史视域与当代意义》等著作中做了系统深刻的论述。

将马克思主义哲学交往实践观与《资本论》结合起来研究品牌的意义，品牌意义越来越被赋予消费意识的内涵，尤其是品牌可以代表消费（社会）价值观已经被大量的事实所例证。为什么会出现这样或那样品牌的意义？其机理是什么？通过研究贯穿着"主体—客体—主体"哲学范式的《资本论》的逻辑，可以揭示出如下的理论。

1. 西方品牌理论是资本主义发展到垄断阶段买方市场时期，西方意识形态商品化的产物，有着特殊职能。通过对资本产生以来，其运动变化的各阶段中随着生产力的变化及产业分工的变化、经济和社会制度的改变、社会主要矛盾表现形式的变化、资本所有者（私人、私人垄断、垄断组织、国家垄断、国家集团垄断）的经济行为中消费（社会）价值观与品牌职能变化的关系的变化轨迹做历史考察，揭示出品牌理论产生的历史背景是文化和意识形态的商品化。进一步而言，通过承载着消费（社会）价值观的品牌的商品化，揭示品牌理论在垄断资本主义全球化阶段的特殊功用——强化消费异化、强化虚假的意识形态、作为西方价值观全球化战略的工具。

2. 品牌本质上是特殊的商品，而且是买方市场下商标（品牌）的特殊精神商品，具有商品二重性。商标（品牌）使用价值的本质属性是作为消费者利益和消费（社会）价值观客体化的载体，承载消费者（社会）核心价值观并控制目标市场的行为，使之定向选择。商标（品牌）的价值则遵循劳动价值论，在整体商品价值实现过程中其价值与商品体的价值叠加或分摊。

3. 广义"社会符号化"理论是交往实践"主体—客体—主体"范式的具体化理论，把它作为"主体—客体—主体"哲学范式的中介理论来看品牌的商品化、符号化及其运动过程，可以揭示出品牌的意义、品牌符号化过程、品牌的职能。

4. 品牌与社会主义核心价值观的内在关系。用社会主义核心价值观指导品牌规划和塑造应成为中国企业的自觉行为。

第二节 品牌理论与垄断资本全球化——资本论视阈

一、从《资本论》视阈考察品牌本质及品牌理论产生的必要性

品牌随同商品交换、商品经济出现而产生，品牌的职能随之产生，包括代表所有者、代表商品的质量以及品牌传播对商品交换的拉动作用等，这是品牌在商品经济下的一般职能。不论在前资本主义西欧国家、主要资本主义国家发展过程中，还是在社会主义国家市场经济条件下，无可置疑都具有一般性。国内学者们的聚焦点也是这种一般性。

品牌理论与哲学范式：交往实践唯物主义及哲学比较视阈

20世纪50年代以来，西方社会发生重大变化——第三产业和文化产业兴起，文化工业理论、企业文化理论、知识经济理论先后兴起，在这一潮流中，品牌作为精神产品的作用在商品交换中的特殊职能随之产生，品牌理论应运而生并以不同表现形式发展起来。

改革开放以来，国内的品牌理论，在国内专家、学者的不懈努力下取得了很大成绩，如教育及培训兴起、咨询公司出现并逐渐壮大、企业实战应用等。但是，在品牌本质、品牌理论与垄断资本关系等方面的研究尚有不足。资本有其一般性和特殊性，在资本统驭下的品牌不可能超脱。我虽然10年前提出了"品牌是消费（社会）社会价值观的载体"的命题，但由于采用哲学解析的方法，论证的具体性尚欠缺，自我不满意。中国高校市场学研究会2015年哈尔滨工程大学学术年会上，我有一篇从《资本论》视阈谈品牌本质的文章，从交换价值与使用价值关系角度分析品牌的本质，仍然是从一般性上论证的，特殊性的一面没有触及。

《资本论》不仅是对资本主义生产方式以及和它相适应的生产关系和交换关系研究的著作，更是揭示资本运动历史趋势、长期趋势的著作。根据陈俊明的研究，马克思在《资本论》中以英国资本运动为对象，分阶段阐述了劳动价值论的转型、资本论的转型和经济行为理论的转型，这3个转型相互交织。资本在其运动的不同阶段表现形态不同，由简单向复杂发生演变，给我们以启示，要把品牌特殊性的一面揭示清楚，必须按照《资本论》的这一逻辑去思考。

从资本运动史来看，品牌理论是在资本运动经历了资本主义初级阶段、较为发达的资本主义阶段、垄断资本主义初级阶段之后，到达垄断资本主义成熟阶段的产物。在垄断资本下的买方市场阶段，品牌、消费意识、消费价值观及意识形态作为独立商品形式出现，品牌职能发生了新变化，即成为国家垄断资本和私人垄断资本所有者控制消费者、获取财富的工具，同时又是资产阶级把自己的意识形态变为全社会乃至全球的意识形态、控制国内社会和国际社会的工具。品牌职能和品牌理论这一特殊性的一面，国内研究者们却常常忽略。

在考察资本运动所有阶段基础上，历史地把握作为主体经济行为的工具——品牌职能的变化和历史地把握品牌理论产生的历史背景，揭示品牌与社会价值观的关系，及其对垄断资本全球化的作用，可以为社会主义市场经济下如何掌控资本、掌控品牌为社会谋福利提供借鉴。

二、品牌理论是资本运动发展到垄断资本主义成熟阶段的必然产物

所谓品牌理论指的是自20世纪30年代以来所产生的现代主义品牌理论和20世纪90年代以来产生的后现代主义品牌理论。前者有实用主义的品牌理论和科学主义的品牌理论之分，但共同的哲学范式是"主体—客体"；后者的哲学范式是主体际。两种理论体系是资本运动进入到国家垄断资本主义阶段买方市场时期，资本与消费者控制与反控制这一矛盾的产物。

资本运动史的四个阶段。资本来到世间，随着生产力的不断进

品牌理论与哲学范式：交往实践唯物主义及哲学比较视阈

步，资本运动已经经历了自由资本主义和垄断资本主义两个大阶段，这两个阶段包含四个小阶段，即资本主义初级阶段、较为发达的自由资本主义阶段、垄断资本主义初级阶段、国家垄断资本主义阶段。

马克思根据生产力、商品经济、资本关系等方面发展的状况，将自由资本主义分为"较不发达阶段"（资本主义初级阶段）和"较为发达阶段"两个阶段。这两个阶段的分化是第一次技术革命和产业革命的结果。18世纪下半叶，第一次科技革命作为第一次产业革命的重要组成部分首先在英国开始，然后波及为数不多的资本主义国家。这是机械技术代替手工技术的革命，开启了机器大工业代替手工业的革命。第一次产业革命，国民经济中的轻纺工业逐渐占主导地位，农业比重逐渐下降，使英国资本主义初级阶段进入"较为发达阶段"阶段。英国由于创立了金本位制和配套制度，使得欧洲资本和亚洲财富向英国转移，促进了工业革命的完成。"这两个阶段的分界大约在1830年。"这种转变使得资本所有者经济行为发生了变化。

在自由资本主义阶段，工业资本与流通资本没有融合，经过长期竞争的选择，由初级阶段的众多资本家小规模竞争发展到各行业逐渐有了大资本家带动行业发展的总体化趋势。生产资料私人占有与生产社会化社会的主要矛盾逐渐表现为股份制形式的私人占有与生产社会化。这时期，劳动者收入水平低，劳动者消费能力低。到了19世纪初，资本家残酷压榨下的工人运动在欧洲主要资本主义国家此起彼伏。这时期，由初级阶段的众多小资本家发展成的大资本家已经意识到要用自己的价值观统率整个社会的价值观，且商品拜物教、资本拜物教作为资本家阶级的价值观已经形成，自由、民主等价值观转变为虚假的价值观。推动商品交换得以顺利完成、商品价值实现的主因素是整体商品的使用价值。品牌与商品体没有分离，品牌职能仅是作为代表资本家所有者、代表商品的质量且作为整体商品的属性而发挥促进异化消费的作用。

19世纪末，第二次产业革命兴起，对当时资本主义的生产关系的发展起到了巨大的推动作用。以电磁理论、电力技术和内燃机为主要标志的第二次技术革命促使美国及欧洲主要资本主义国家的生产技术有了巨大发展，使工业结构进行了新的调整，钢铁工业、化学工业作为新兴产业兴起，电话、无线电通信设施等信息设备制造及应用兴起。机器制造、冶金、化工、电力、汽车、石油等重化工业逐渐取代纺织工业为代表的轻工业，在整个工业生产中占据了主要地位。第二次产业革命兴起的工业部门多是资本密集型产业，是在资本高度集中条件下进行的。这种生产的高度集中导致了工业的垄断、金融寡头的产生，且相互融合。股份制垄断组织逐渐成为各资本主义国家主要形式。垄断组织主导下的社会化和垄断利润私人占有构成社会主要矛盾。这些垄断组织、金融寡头通过资本输出及经济上分割世界、领土上重新分割世界逐步向国际垄断发展的趋势在不断加强。为缓解经济危机和劳资矛盾的需要，19世纪末，德国政府率先介入经济活动。此后，主要资本主义国家相继初步建立国家干预的经济体制框架，提高工人阶级消费能力，建立起福利制度。世界范围内的资本运动由资本主义由自由资本主义向垄断资本主义转型。

"列宁依据《资本论》的逻辑对垄断资本主义初级阶段进行了深

刻的剖析和研究，对垄断资本特征及其运动的趋势做出了揭示。"这种垄断的趋势使垄断资本家或垄断组织的经济行为也发生了变化。这一阶段，总需求大于总供给，劳动者收入有了一定保障，百货商店、连锁商店得以迅速发展且初具规模。这时期，一是工业资本仍然依靠流通资本及其零售终端进行商品的交换；二是与资产阶级理性主义相对立的非理性主义思潮兴起，心理学开始在企业交换领域发挥作用。从1895年德国的冯特教授建立第一个心理学实验室起，心理学研究开始有了突破，成为广告、公关等行业的基础。1895年，美国H·盖尔开展消费者对广告及广告商品态度的研究。美国西北大学心理学家沃尔特·D·斯科特第一次将心理学应用于广告，并且于1903年出版了专著《广告理论》、1908年出版了专著《广告心理学》。欧洲大陆产生的弗洛伊德精神分析学派的成就在公关、推销等营销实践中被应用。垄断资本家掌控市场的观念已经建立，将自己的价值观统率其国内整个社会价值观已经展开实施，并在实践中不断探索实现手段和途径，方式之一是通过间接表现消费价值观来体现社会核心价值观，即宣传、推广商品的属性、功能，进而使消费者联想到商品属性、功能背后的消费价值观（评价标准）与社会核心价值观。品牌与商品体没有分离，整体商品被赋予心理、情感的意义，其体现的消费价值观意义只能由消费者间接联想。其目的在于通过引起消费者注意唤起其兴趣，并激发其购买欲望，促成其采取购买行动，以迎合最大范围的消费者。这是低级意识形式商品化的表现，在商品经济下具有主体（资本家）经济行为的一般性。

第二次世界大战后，随着科技革命的深入，国家垄断资本主义

第三章 马克思主义哲学交往实践观下的品牌观（上）

持续发展，在现代资本主义的经济和政治生活中占了统治地位，并在资本全球化的浪潮中实现了在全球某些区域市场（经济圈）的垄断。垄断资本运动逐渐进入成熟期。这一趋势是由美国引领的。

19世纪末20世纪初，美国成为世界制造业的领头羊。第一次世界大战后，美国从欧洲国家的长期债务国变成了债权国。第二次世界大战前，美国利用债权杠杆，对欧洲展开债权与炮舰联合、政府与银行家合作的"金元外交"。罗斯福上台的第一项举措就是宣布美元脱离金本位制，打响了国际货币战，并对英国逼债。在大萧条经济的时代大背景下，英国放弃了金本位制。结果，美国夺得资本主义世界体系的主导权并设计出由美国主导的世界秩序，包括确定美元与黄金挂钩、各国货币与美元挂钩的金汇兑制。第二次世界大战后，美国推出了无偿援助战后重建的"马歇尔计划"，扫平了欧洲各国的市场堡垒，把除苏联控制区之外的欧洲纳入大西洋经济圈，创造了消化美国剩余产能的欧洲市场。同时，美国顺应亚、非、拉民族解放运动的潮流，推行"全球非殖民化运动"，扫除欧洲列强在世界各地残存的殖民地堡垒，在这些殖民地形成了以美国为核心的一体化大市场。第二次世界大战后，金融资本集团成为全球资本主义体系的主导力量。1971年，时任美国总统尼克松宣布关闭黄金窗口，美元与黄金脱钩，这就是布雷顿森林体系瓦解的开始。"目前的国际货币体系是在布雷顿森林体系基础上发展起来的牙买加货币体系，本质上是由美国金融主导的以美元为本位制的货币体系。美元本位制体系是虚拟资本主义制度的核心保障，它通过操纵大宗商品价格给制造业的商品定价（控制大宗商品交易所，尤其是控制石油这一工业的命脉)、垄断金融服务与投资、创造大量金融衍生品等方式,实行对全球资源的配置和利益的分配。"在此基础上,由国家出面组成地区性的经济组织,这就是国际垄断同盟,表现为经济一体化。国家垄断资本主义发展的同时,国际垄断资本主义也发展起来(国家垄断集团)。本质上,这是发达资本主义国家共同分割世界市场的新形式,目的仍然是保证各国垄断组织获取最大限度的高额垄断利润。另一方面,第二次世界大战后,"以苏联为首的一系列社会主义国家革命和建设的胜利,使已经转型了的资本运动再次发生重大转型"——国际垄断资本主义开始发展。在苏联连续5年计划的成功的压力下、各资本主义国家民主社会主义运动的作用下,掀起了国家干预经济生活的高潮和民主政治的改良。苏联拒绝加入美元体系,与西方展开了全方位冷战。

第三次科技革命加速了金融资本对全球经济的垄断。这是一次世界性的全方位的科技革命,包括诸多科技成果——电子信息技术(包括电子计算机、集成电路、机器人、通信技术等)、生物技术(包括遗传工程、细胞工程、酶工程、发酵工程等)、新材料技术(高技术陶瓷、高性能塑料、超导为主)、新能源(核能、生物能、太阳能、风能、海洋波力能、氢、燃料电池等)、空间技术、海洋工程、光技术(光纤、激光印刷、激光武器等)。与前两次科技革命不同,第三次科技革命的重大成果是在自然科学理论(数学、物理、化学、生物等)指导下取得的。国家对科技发展的干预大大加强,增加科研投资、增加教育经费、加强科技宏观管理是具体的表现形式。

第三次科技革命开始于20世纪中叶的美国,然后又扩大到其他发达资本主义国家。但是，第三次科技革命不只是在世界资本主义体系内展开的，而是在资本主义国家和社会主义国家、发达国家和发展中国家广阔的世界范围内展开的。科学技术的发展和科技成果的使用已大大地突破了国界，人们日益强烈地感受到新的科技浪潮的冲击。20世纪70年代，新资本经济突起，发达国家垄断核心技术及其产业，中低端产业加工扩散到发展中国家，国际化分工逐渐形成。在垄断利润最大化驱使下，垄断资本掌控技术研发、品牌及营销渠道，将技术含量较低的需要耗费较多原材料及劳动力的生产组装、灌装等环节转移到发展中国家。垄断资本全球化纵向和横向扩张。垄断资本全球化下，不仅垄断生产过程，而且垄断消费过程，对经济过程全方位垄断，生产社会化表现为生产全球化，资本主义基本矛盾以新的形式表现出来。可以说，垄断资本全球化是由以美国为首的发达资本主义国家主导的全球化。全球化发展很大程度上是资本全球扩张及伴随着文化资本全球化的资本主义价值观念和制度模式在全球的扩张。

20世纪90年代后，全球形成了美元圈与欧元圈共同瓜分世界市场和世界发展成果的国家或国家集团垄断的局面。

在当今的全球货币金融格局之下，美国作为经济高度金融化的虚拟资本主义国家，已经构建了"美元币缘圈"。维护美元的稳定是美国最重大的战略利益。

在欧洲和地中海地区，存在着"欧元币缘圈"，欧洲金融资本处于高端，东欧及北非的一些国家成为制造业转移的对象，利比亚、俄罗斯属于欧元圈的资源类国家。

品牌理论与哲学范式：交往实践唯物主义及哲学比较视阈

币缘圈的形成实现了"以国家控制社会，以发展置换阶级，以对技术现代性追求消解对人的自我解放现代性的追求，以利益有限分享移离反世界体系的实质目标"。这才是国家垄断集团的全球大战略。

垄断资本运动的全球化必然导致资本所有者经济行为的新转型。在这一阶段，一方面，由于劳动生产率的大幅度提高和劳动技术要求的提高，中产阶级出现，精神追求层次分化明显、消费层次分化明显，卖方市场转向买方市场；另一方面，随着新技术革命的发展，媒体的多样化，进一步促进了社会分工和生产专业化的发展，文化工业由弱小迅速崛起，兴盛起来。同时，第一、第二产业内部的一些服务部门独立出来成为专门的服务部门，如工业中的产品设计、咨询、市场研究与预测、广告、公关、品牌战略管理等。随着新兴行业的崛起，品牌作为独立的精神商品、文化商品被分离出来；精神产品被商品化，意识形态、社会价值观被商品化。品牌成为代表消费（社会）价值观的独立精神商品。由于分工，品牌的职能发生了一次重大变化——品牌被赋予消费（社会）价值观的意义，品牌成为消费（社会）价值观的载体。作为经济行为的品牌营销活动是这一阶段垄断资本控制下的商品运动的必然突出现象。品牌文化产业自然成了整个文化产业群的组成部分。作为高级意识形式的消费（社会）价值观品牌化，成为品牌新贵的主要物化形式。也就是说，"一个以商品生产为唯一准则的社会形成，生产力水平大大提高，社会产品相对丰裕"。

出于争夺不同价值观的社会主义国家市场、争夺不同价值观的

第三章 马克思主义哲学交往实践观下的品牌观（上）

第三世界国家市场的需要，以及战胜社会主义的需要，使得品牌满含普世价值，与资本输出一道走向全球，借助广播、电视、互联网"争夺"全世界人民的眼球和耳朵，成为西方主要资本主义国家（尤其是美国）的全球化战略的主要手段之一。即品牌新职能就是通过国家垄断资本和私人垄断资本所有者控制消费者、获取财富；同时，促进资产阶级的意识形态变为全社会乃至全球的意识形态，以控制国内社会和国际社会。

主流品牌理论产生于20世纪六七十年代的美国，这与第三次科技革命美国进入买方市场，垄断要深入到消费领域控制消费者以图分割市场、确保垄断利润的必然要求相适应。品牌范畴产生及广告、品牌、价值观之间的关系的系统化、理论化，是此阶段垄断资本家操纵资本的经济行为的理论化的表现。更确切地说，是工业资本、文化资本和金融寡头强化国内、国际市场争夺和控制消费群体及强化消费异化的需要和必然结果。是资本主义国家垄断下，主流意识形态商品化，促进输出国商品销售、攻占和强化对国际市场控制权的需要和必然结果（对其他国品牌和输入国品牌展开竞争，对国别品牌的背书）。也可以说，是品牌拜物教的理论化形态。

进入20世纪90年代后，由于互联网的应用，反垄断、反控制的后现代主义在西方主要资本主义国家形成潮流，后现代主义的品牌理论随之产生，形成与主流品牌理论相抗衡的逆流。其产生也是资本运动至国家垄断资本主义成熟阶段的另一产物。

事实上，美国学者道格拉斯·B.霍尔特在《品牌如何成为偶像：文化式品牌塑造的原理》《文化战略：以创新的意识形态构建独特的

119

文化品牌》中用足够的案例及实证的方法已经说明了品牌与意识形态、消费（社会）核心价值观的关系，而且在实践中的运用效果显著。包括可口可乐（饮料）、百事激浪、百威啤酒、星巴克（咖啡）、本杰瑞（冰激凌）、耐克（运动鞋）、大众甲壳虫（汽车）、哈雷摩托车等品牌，其所属的跨国公司在咨询公司、广告公司的协助下，各自在不同消费领域上演着"以承载着价值观的品牌"操纵消费者的闹剧。

以上依据历史唯物主义原理所描述的资本运动各阶段关于消费（社会）价值观与品牌关系变化的经济行为，使我们看到这样一个观念物化的变动的历史趋势：由品牌与商品体合一的整体商品、不代表意识形式──→品牌与商品体合一的整体商品、代表低级意识形式──→品牌作为相对独立商品与商品体分离、品牌作为承载消费（社会）价值观的载体，对商品体、商品组合、商品线的交换起独立支撑作用。这一趋势与如下趋势相一致，即私人资本、商品种类简单、相对消费能力低下、相对卖方市场──→私人和国家垄断资本、商品种类逐渐复杂、消费能力提高、相对卖方市场──→垄断资本全球化、商品种类扩展至极值、消费能力最大化被发掘、相对买方市场。这表明：随着资本主义社会基本矛盾的不断变换其表现形式，其中资本控制下的经济行为由简单到复杂发展演变着，品牌资本化及品牌理论的产生不过是资本运动这一历史过程的产物而已。

三、西方主流品牌理论对垄断资本全球化的特殊功用

西方主流品牌理论指的是西方现代主义的品牌理论，是"主体─

客体"哲学范式的品牌理论,其品牌理论的作用突出表现于解决因交换至生产过程中的矛盾。销售渠道上中间商的存在使生产者无法预计中间商处商品是否交换出去后消费掉了,尤其是长渠道由于中间商环节多更无法控制,这就会产生生产过剩问题(非大数据时代)。资本必须控制消费者,以便获得竞争优势排除竞争对手,同时使生产有计划进行。深度分销掌控中间商,品牌广告则以价值观同化消费者。运用品牌理论、实施品牌战略,更是把生产供应方、中间商及消费者用价值观凝聚起来,实现可控的目标,达到交换重复进行、强化异化消费的目的。

　　消费意识的物化,品牌具有了价值观功能,是商品经济的一般性的体现,是资本运动在特定阶段的内在要求。品牌意义消费者化(主体化),实现异化消费,同样是商品经济的一般性体现,是资本运动在特定阶段的内在要求。马克思在《资本论》中揭示商品拜物教、资本拜物教的方法,同样可以用于揭示品牌拜物教。但是,西方主流品牌理论由于其经验主义的特性(经验性研究路径),不能从历史唯物主义方法论上解读现实的交往实践,使其成为强化消费异化的内生工具。在垄断资本全球化下,运用西方主流品牌理论通过社会价值观的直接地和间接地传播,成为强化消费异化和资本全球化的有效工具,呈现出如下所述的特殊作用。

(一)消费异化的强化作用

《资本论》揭示出资本主义的消费是从属于资本生产的、为资本生产剩余价值获取利润服务的消费。不仅工人的消费从属于生产,资本家的消费也从属于生产。生产表现为人的目的,财富则表现为生产的目的。这是异化消费。

在资本统治的商品经济社会,交换价值包括物质生产和精神生产在内的一切生产的原则和目标,商品的使用价值从属于交换价值,使用价值——符合消费者需要的产品从属于资本扩张和积累的要求,从属于资本无限制地追求剩余价值的本性。即人的需要从属于实现资本增值的交换价值的再生产。

从异化消费的实现机制上看,除了真实的使用价值对交换价值具有作用外,通过促进消费的异化也可以实现异化消费。消费的异化是指原本不属于消费者真正需要的东西强加于消费者。促进消费的异化主要从使用价值更新上产生。消费的异化有以下几种表现。

一是提供商品体的虚假物质性使用价值,创造虚假的需要,让消费者产生虚假的价值评价,与真实使用价值一起促进交换价值实现。即虚假的使用价值(指商品体)常常成为交换价值的帮凶,与符合消费者需要的使用价值,为交换价值的实现服务。提供虚假的物质性需要,运用物质上的虚假使用价值,对消费者进行控制。

二是提供虚假的社会价值观控制消费者。这种虚假的社会价值观(普世价值)就是品牌的使用价值。促使消费者产生欲望,推动真实的和虚假的商品体使用价值共同支持交换价值实现。即精神上的虚假使用价值则是由品牌承载着价值观来提供,对消费者进行精神的控制。

三是不断提供花样繁多的商品,激发消费者欲望,同时用品牌传播培养品牌的购物狂,制造时尚和攀比。例如,若干名牌的服装,从春到冬,尽管一年穿不了一次,有了新款,不买回家占有欲就不能被满足,就会产生焦虑,使"购物"变成一定消费能力的女士通过消费彰显地位、追求时尚的惯常行为,使其引领其生活圈子中的时尚之势。在英国,人们如今拥有的衣物数量是30年前的4倍,每个人一年平均花费625英镑购置衣物,每年新购衣服28公斤,全国每年消费172万吨时尚产品。值得注意的是,每年有同等重量的衣物被扔进垃圾桶,尽管它们远算不上旧衣服。因为时尚品牌几乎每周都会推出新的款式告诉消费者:这才是现在最流行的,你们要尽快买新的。

上述3种表现,真实的使用价值及其组合是异化消费的主要实现途径。资本的增值就是在这种不仅满足真实的需要而且是通过创造幻想和人为的欲望,把不属于人的需要的东西强加于人来完成的。消费不是以消费者的真实需要为本位,而是以资本增值为本位,消费者在这里仅仅是手段。所谓以消费者为中心,只是垄断资本统治下的买方市场的重要手段而已。而品牌理论则成了垄断资本全球化下强化异化消费的理论工具。

(二)对虚假意识形态的强化作用

虚假的意识形态,最初是马克思等人在《德意志意识形态》的手稿中提出的。

商品拜物教、资本拜物教是资产阶级的真正的意识形态,在垄断资本全球化的时代,一切都商品化了,只剩下了商品消费,"商品消费同时就是其自身的意识形态"。

品牌理论与哲学范式：交往实践唯物主义及哲学比较视阈

在《德意志意识形态》一书中，马克思等人揭示出旧意识形态"赋予自己思想以普遍性的形式，把它们描绘成唯一合乎理性的、有普遍意义的思想。资产阶级意识形态表现出'公共性'的外表，从资产阶级'启蒙'运动提出的'自由、民主、平等'直到现代"。客观地说，资产阶级"启蒙"运动提出的意识形态，是当时资本主义社会关系尚未展开的真实观念表达。当资产阶级与无产阶级的矛盾冲突已无可避免时，这种意识形态转化为蒙骗无产阶级的、构成资产阶级的意识形态了。把统治阶级利益和人类利益混淆，以前者代替后者，即以统治阶级的意识形态变为所有阶级的意识形态，是虚假意识形态产生的社会历史根源。

品牌理论与这种打着普世价值的自由主义的核心价值观（垄断资产阶级真实的、金钱支配下的自由、民主和平等的价值观），在垄断资本的操控下便有了内在融合——通过品牌效应，引领生活方式的变化。

目前，全球6万多家跨国公司控制了世界商品生产40%～50%的份额，国际贸易50%的份额，国际直接投资90%的份额，国际金融80%～90%的份额，跨国公司在全球建立起了自己营销网络和全球生产制造体系。通过设立国外子公司，跨国公司一方面进行生产贸易活动；一方面自觉、不自觉地传播本国的文化和价值观念，运用品牌理论传播西方价值观在这方面充当着重要角色。

跨国公司所倡导的生活方式、价值理念，会对消费群体产生特定的影响。这种经济化的文化渗透和传播比单一的文化渗透具有更大的能量，它会使人们在品牌认同中接受西方的价值观念、生活方式。以麦当劳、肯德基、可口可乐为代表的饮食消费文化，以迪士尼、NBA 为代表的娱乐文化，以微软、苹果为代表的新型传媒文化等美国文化包含的个人自由主义精神以不可阻挡之势在全球流行。一些人在喝着美国牌子的饮料、吃着美国牌子的食品、欣赏着美国的体育节目中，不自觉地接受着美国文化。虚假的普世价值观融入商品销售活动中，成为诱导消费者、实施精神控制的手段。

（三）对价值观全球化的控制性战略做出贡献

美国在 20 世纪中期将实现文化帝国主义纳入了国家战略，著名学者罗斯托在《经济增长的阶段：非共产党宣言》一书中，设立了一条由"传统社会"到最后的"高额大众消费时代"演进的路线，并借用历史记录来确定各国在这条路线上的具体位置。在其理论中，所谓发展就是重复英国和西方国家的基本历史演进路线。美国也是这样展开全球行动的。"如美国成立的'争取进步联盟'，用现代化理念同化拉美国家，使其成为拉美国家的政策目标和国家实践的指导思想。以帮助那些长期停留于文化和发展阶梯中较低位置上的国家为名义，使美国对拉美各国的直接干涉正当化。实质上是用现代化的意识形态来争取美国利益。"

布热津斯基规划的美国的 21 世纪战略布局要旨，在《大棋局：美国的首要地位及其地缘战略》一书中充分的表达出来。以国家利益最大化为目的的"邪恶阴谋"——"奶头乐战略"伸向全球。

"奶头"的形式有两种：一种是发泄性娱乐，比如开放色情行业、鼓励网络游戏、鼓动口水战等；一种是满足性游戏，比如拍摄肥皂剧和偶像剧，大量报道明星丑闻、娱乐八卦，播放真人秀和综艺节目。这样一来，通过把消遣娱乐及充满感官刺激的产品堆满人们的生活，最终达到这样的目的——让大众沉溺于享乐和安逸中，不知不觉丧失思考能力，再也无心挑战现有的统治阶级。资本输入国的国人就此沉浸在"奶头乐计划"当中，要么努力工作、拼命生活，要么耽于享乐、不思进取。

这些策略和手段，不过是垄断资本所有者将国内统治手段扩大到国际的翻版而已。国际垄断资本不仅要用自己的价值观统率其国内人民的价值观，还要统率垄断资本触角所到的一切消费者的价值观。而利用品牌拜物教进行国家竞争，尤其与社会主义国家意识形态抗衡并渗透和分割其市场，是以美国为首的西方国家垄断集团的重要手段。

为了获取最大的剩余价值，垄断资本所有者掌控从原料到生产、销售市场的全部环节，垄断资本把一切能够实现这种掌控的手段全部资本化，意识形态、消费心理和行为就是这样的手段、工具。承载价值观的品牌资本化后，本质上不仅是促进商品使用价值转换的手段，还是控制消费者的麻醉剂。

第三节 品牌的本质：品牌是特殊的商品

商标和品牌，都是指商品生产者或经营者为使自己的商品在市场上同其他商品生产者或经营者的商品相区别，而使用于包装上的由文字、图形或文字、图形的组合构成的一种标记。但是，商标与品牌还是有区别的。商标是受法律的强力保护的品牌，除具有品牌的一切功能外，还具有所有者专有权。本节依据交往实践唯物主义思想，循着《资本论》的内在逻辑，对商标和品牌的本质进行分析。

一、商标（品牌）是特殊商品

首先，从商标、品牌与整体商品（服务）的辩证关系上看，商标和品牌都是商品。

交往实践唯物主义的"主体—客体—主体"范式，在市场营销领域具体表现为如图3-1所示的图式。

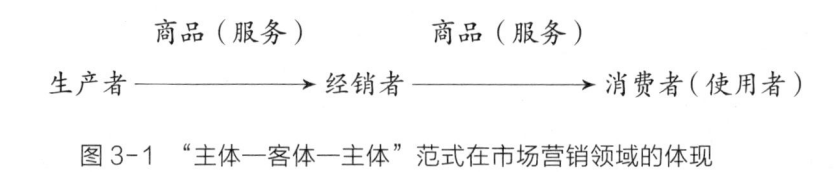

```
             商品（服务）         商品（服务）
生产者 ─────────→ 经销者 ─────────→ 消费者（使用者）
```

图3-1 "主体—客体—主体"范式在市场营销领域的体现

1. 商品（服务）是中介客体。这里，商品（服务）不是单一的，而是包含了项、种、类的中介客体。

2. 品牌的发展经历了从不以中介客体形式存在（与商品实体同时产生的印记），到可以以中介客体形式存在（与商品实体不同时产生，以商品形式存在的商标、品牌）。商标、品牌从产生和发展的历史上看，从未脱离整体产品、整体商品和服务而以独立形态存在，而是依附于整体商品（服务），成为整体商品（服务）的属性而存在。

3. 不同的生产者提供类似（或相同）功能的商品（服务），针对不同的目标市场，自然会导致差异化的商标、品牌存在。

上述理论是商品实体（服务内容）与品牌针对同一目标市场内在统一的方面，都是整体商品或服务不可分割的属性。

4. 商品经济下，由于劳动分工，商品实体（服务内容）与商标、

第三章 马克思主义哲学交往实践观下的品牌观（上）

品牌可能不是同一生产工艺阶段（甚至不是同一生产过程）的产物，而是由不同的所有者主体设计、生产，而最终归同一所有者所有。商品实体部分、服务内容与商标和品牌不同时产生，使得商标和品牌在设计生产制造中具有劳动价值和使用价值。即商标、品牌可以以商品形式存在，成为中介客体，这使得商标、品牌具有与整体商品相比相对独立的一面。

5. 商品实体（服务内容）在设计、生产、交换过程中具有所有者、生产者的物化属性，也具有消费者的物化属性；商标和品牌在设计、生产制造、使用中的独立性，也使得商标、品牌具有所有者、生产者或消费者的物化属性。这也是二者互为独立的方面。

由此可见，在"主体—客体—主体"关系范式下，商品实体（服务内容）与商标、品牌，对立统一于整体商品（服务）中。商品实体（服务内容）与商标、品牌对立统一的关系，是商品经济下社会分工的必然结果。不能忽视二者内在统一的方面，否则就会夸大商标、品牌的相对独立性，会导致商标、品牌与商品实体（服务内容）的分割，把商标、品牌视为与整体商品（服务）无内在关联的孤立各体，甚至视品牌为圣物、拜物。也不能忽视二者相互独立的方面，否则就会只承认品牌作为商品属性的地位，无视品牌作为特殊商品的地位。商标、品牌既是整体商品的属性，又是独立的商品，从整体商品与包装的关系上也可以类比理解。

其次，从品牌和商标来源看，品牌和商标是特殊商品。《资本论》一书从商品交换历史和交往实践关系中揭示货币产生的必然和货币

129

的本质，对理解品牌、商标的产生和本质有着重大的启示意义。

　　商品经济下的交换过程中，符合需要的商品内在矛盾表现为：使用价值和价值的矛盾，抽象劳动和具体劳动的矛盾，私人劳动和社会劳动之间的矛盾。符合需要的"商品作为使用价值实现之前，必须作为价值来实现"。这是商品内在矛盾的必然结果。其矛盾的解决办法是：金银从普通商品变为一般等价物的特殊商品——货币。这样，货币就有了双重使用价值。这表明在卖方市场下，以普通商品为纽带、以货币为价值尺度的生产者与消费者之间需求的满足关系。货币成为价值尺度是自由交换成功的必要条件，如图3-2所示。

```
                商品（服务）
    生产者 ─────────────→ 消费者（使用者）
                  货币
```

图3-2　货币成为价值尺度的示意图

　　在商品内在矛盾使用价值和价值关系中，使用价值对价值的实现是有作用的：①消费者要的是使用价值，没有使用价值或使用价值不足以满足要求，交换不出去，价值无法实现；②在同价格前提下，除满足生活需要，是否提供美的享受（精神利益）是价值能否实现的制约条件；③同种商品价值总量受社会对该种商品使用价值需要量的制约。在卖方市场下，商标（品牌）作为生产者属性，表明了：①商品由什么生产者生产；②质量符合需求的程度。商标成为选择的衡量标准、判断依据。商标（品牌）的所有者属性是主要的社会属性，对价值的实现有一定作用。商品作为价值实现之前，必须证明自己有使用价值，这是交换成功的另一条件。当处

第三章 马克思主义哲学交往实践观下的品牌观（上）

于卖方市场时，物质财富缺乏或人们购买力弱，需求尚未出现分化或分化程度低，交换不需要过多控制，具体的交易交换的偶然性较大。

随着生产力变化和利益上升趋势的发展，消费者出现利益分化。商品交换中，消费者地位逐渐提升，消费者自由选择权有了法律的保障，商品经济进入买方市场。这时期，同质化商品竞争加剧。随着科技进步，新品很快被模仿，商品同质化速度加快，依靠传统的使用价值方面的差异取得竞争优势、促进价值的实现困难了。这些都使得商品交换更困难了。

在科技水平一定的条件下，根据消费需求，创造出使用价值，并对消费者选择形成制约，这种制约对交换必然可控的条件是什么？首先，在商品内在矛盾使用价值和价值中，只要强化商品使用价值的地位，使其对交换的作用从次要手段地位抬升到主导手段地位，就可以实现对交换过程的必然可控。其次，实现商品使用价值对消费者的必然可控，商品使用价值必须具备如下物化特点：①相对稳定性和排他性；②具有受社会强制性保护；③具有消费者属性，即对消费者有一种作用力，吸引消费者注意力（眼球），引起消费者情感共鸣、消费价值观认同，从而产生选择行为，形成习惯性购买。怎样强化商品使用价值的地位？通过商标来实现。这是由商标所具有的天然的社会条件决定的。

商标作为受法律保护的品牌，具备这样的特征：①商标既是商品的属性，但又是独立的商品；②商标注册受到法律保护，具有强制性、专用性，犹如货币取得一般等价物地位后受到强制保护一样；

③相对稳定性，使用期限长；④目标市场的共同情感、消费价值观可以赋予商标，使其对目标市场产生定向选择的作用力。买方市场下，当商标具备这样的物化特征，就变为具有左右消费者选择、促使消费者形成购买习惯的特殊品牌、特殊商品。这样，商标自然成为实现商品使用价值对消费者行为的必然可控的要件，其他要件（如商品实体、包装、服务）则不同时具备上述特征。

从消费者的角度来看，能吸引消费者、促进其形成购买和购买习惯，并自觉地忠诚于某些商品的只有消费者的价值观。消费者的消费社会价值观和社会价值观在一定时期是相对稳定，是可以被操纵、被控制的。当消费者的消费（社会）价值观物化（客体化）到商标，并被用于实现对目标市场的控制，商标、品牌就成为左右消费者的中心手段，商品使用价值（含商标使用价值）由左右消费者的从属手段地位转化为主导手段地位，如图 3-3 的图式所示。

```
                商品实体（服务内容）※品牌（商标）
生产者 ─────────────────────────→ 消费者（使用者）
                         货币
```

※ 表示耦合

图 3-3　消费者的消费（社会）价值观物化示意

对消费者可控的要求、冲动是市场经济发展的必然，符合商品经济发展的既有事实。以凯恩斯总需求管理理论（1936 年提出）为标志，对消费者需求的管控进入理论视野，进入企业和政府的管理实践中。20 世纪 50 年代后，定位理论、品牌理论在买方市场逐渐形成的过程中出现，并且随买方市场成长发育而完善。由此，商标

第三章　马克思主义哲学交往实践观下的品牌观（上）

转化为特殊商品的条件是买方市场，原因是克服商品内在矛盾新变化——使用价值上升到主导地位的需要，即表现为克服生产者与消费者之间的矛盾、资本与劳动之间的矛盾，实际是商品与货币之间的矛盾、资本与劳动之间的矛盾更加复杂，需要解决的条件更多了。

《品牌的奥秘》一书的作者认为，品牌由商标在高曝光率下转化而来。这种观点混淆了二者的关系，凸显了品牌与消费者的关系，掩盖了品牌背后的所有权关系，与交往实践观的观点是相反的。

下面，我们从3个方面比较货币的产生与商标（品牌）的产生。

1. 商品交换处于卖方市场阶段，商品实体（服务内容）产生的同时也产生了印记、商标，虽然商标（品牌）的设计、生产被分化出来，但只表明商品的所有权、商品质量。商品交换进入买方市场阶段，商标（品牌）才被赋予了特殊的意义，成为能对消费者控制的特殊商品。这是历史事实。

2. 货币是交换过程的必然产物，品牌、商标则是交换过程发展到买方市场的必然产物。商品经济的交换过程中，商品使用价值和价值的矛盾通过货币来解决。买方市场下，由于竞争的激烈，市场的分化，要实现"惊险的一跳"，单纯用商品实体的使用价值来解决二者矛盾越来越困难了。要解决商品的使用价值和价值的矛盾，必须要吸引、掌控消费者，必须细分市场并抢占、瓜分目标市场，即必须从坐商向行商、行销转变。消费者谋求的是商品的使用价值，商品的生产供应者谋求的是价值——货币。要瓜分目标市场，单纯用商品实体的使用价值吸引、掌控消费者已经力不从心了，不能适应了，商标（品牌）从商品中分化出来承担了这一职能。买方市场

133

阶段，商品交换顺利实现，除了货币成为特殊的商品外，品牌、商标也必须成为特殊的商品。

3. 在交换过程中，金银成为货币后，具有了双重使用价值。作为商品，金银有特殊的使用价值，如可以镶牙，可以成为首饰、奢侈品的材料。作为货币，金银就成了一般的、社会的、形式上的使用价值，即金银的使用价值成了各种商品的价值和镜子。当品牌、商标变为特殊商品后，品牌、商标具有了新的起主导作用的使用价值——消费者属性，这就是消费者利益和价值观客体化载体的作用。

总之，品牌（商标）是能够充当操纵消费者、控制目标市场行为的特殊商品。

最后，品牌和商标是精神文化商品。品牌和商标之所以成为消费（社会）价值观的物化对象并被赋予精神力量，是因为具有操纵目标市场、促进整体商品销售的作用，具有构建消费（社会）社会价值观的作用。这就是商标、品牌的使用价值的本质。把商标视为静态的所有权关系，而把品牌视为与传播紧密相关的消费者之间的动态关系，即仅把品牌视为精神文化商品，则是对商标与品牌内在关系的割裂。

二、商标和品牌使用价值的本质属性

当品牌、商标变为特殊商品后，品牌、商标使用价值具有双重

第三章　马克思主义哲学交往实践观下的品牌观（上）

社会属性，即所有者属性和消费者属性（作为中介客体的品牌，其意义同时指向所有者和消费者）。

规定本质属性要看历史条件。卖方市场条件下，处于主导地位的是生产者，所有者属性是商标（品牌）的本质属性。买方市场和消费者为中心手段下，处于主导手段地位的是消费者，商标（品牌）的本质属性是消费者属性（即被赋予消费者利益和消费价值观），作用是对消费者的选择定向控制、为资本所有者谋取利益。在买方市场和以消费者为中心的目的下，品牌、商标具有消费者消费（社会）价值观客体化载体的功能，既能为资本所有者谋取利益，也能为消费者谋取合法、合理利益和正价值。

交往实践唯物主义和《资本论》视阈下品牌、商标使用价值的本质，即品牌、商标使用价值的本质是品牌、商标被作为中介性纽带手段，是消费者消费（社会）价值观客体化的载体。除从品牌、商标的来源上揭示品牌、商标使用价值的本质外，还可以通过图3-4所示的图式模型直接分析。

　　　　　商品（服务）　　　商品（服务）
生产者─────→经销者─────→消费者（使用者）

图3-4　生产者──→经销者──→消费者（使用者）模型

在图3-4所示的模型中，一方面，商品（服务）属于中介客体，商标（品牌）是整体或最终商品（服务）的属性；另一方面，以交换方式获得的商标（品牌）以中间商品形式存在，是中介客体。

在买方市场经济条件下，消费者需求成为决定生产的力量。消费者利益和消费（社会）价值观的商品化（服务化），和商品（服务）的消费者化是普遍存在的规律。品牌的本质就隐藏在上述规律中，它既不能脱离整体商品（服务），又不能脱离多极主体（生产者、经销者、所有者、使用者、消费者）。从商标（品牌）相对于整体商品独立性的一面来看，商标（品牌）具有消费者物化属性；同时，商标（品牌）作为整体商品（服务）不可分割的属性，使得商标（品牌）承载的消费者消费（社会）价值观与商品体（服务内容）耦合。理解商标（品牌）时，既要与整体商品联系起来，又要看到商标（品牌）相对独立、特殊的一面。

品牌、商标的使用价值本质属性的作用如下所述。

1. 推动消费者购买和购买习惯形成。锁定目标市场，吸引并对目标消费者定向控制，使其形成购买选择和购买习惯。

2. 为创造新生产需要助力。锁定目标市场，形成购买习惯，反复地为生产带来需求。

3. 在商品价值总量范围内，稳固并扩大目标市场的同时，开发新目标市场。

4. 具有构建社会意识形态的功能。品牌、商标也是文化商品，品牌、商标所承载的消费（社会）价值观，在有阶级存在的条件下，具有意识形态的虚假性。即马克思等人在《德意志意识形态》一书中说的，统治阶级的意识形态被扩大为被统治阶级的意识形态。这就可以解释为什么奢侈品品牌价格高不仅能吸引富有的高端消费者，而且很多普通大众消费者也钟爱趋之——没有条件也要创造条件设法拥有之。

以上所述的品牌、商标的使用价值本质属性的作用体现着其经济功能和文化功能的统一，表明品牌、商标是精神文化商品。同时，品牌、商标作为精神商品还具有价值属性。

三、商标（品牌）价值的本质

《资本论》一书中关于劳动价值论有这样的叙述。商品价值是由劳动创造的，商品价值不是具体劳动创造的，而是抽象劳动创造的。商品价值不会自我表现，它要通过别的商品或货币才能表现出来，通过别的商品表现出来的就是交换价值，通过货币表现出来便是价格。商品价值是一种生产关系和一个历史范畴。商品价值量取决于社会必要劳动时间，商品要求按照社会必要劳动时间实行等价交换；部门内部劳动生产率提高，使部门内部商品的使用价值量增加，从而使单个商品包含的社会必要劳动时间减少，从而使价值量下降。同样的时间，复杂劳动比简单劳动创造的价值量大。货币出现以后，价格围绕着价值上下波动，价值规律只能通过平均数规律来实现。商标（品牌）价值作为特殊商品——精神商品，其价值遵循劳动价值论。

品牌、商标有一个调研策划、设计、制作、申报的过程，还有一个通过4C营销组合推广、展示与消费者之间互动的过程。在此过程中，人的劳动构成了新价值的来源，脑力劳动的结晶所占的比例较大；在此过程中，各种劳动产品——材料、劳动工具原有的价值转移到品牌、商标中，不改变原有的价值量。上述两者构成了品牌、商标生产过程的价值。推广过程中,也要付出劳动,也有抽象劳动的凝结。生产过程的抽象劳动的凝结与推广过程的抽象劳动的凝结,共同构成品牌、商标的价值。

同一家工厂生产出来的商品,质量标准是一样的,是商品实体劳动价值与品牌、商标劳动价值的耦合。即在使用价值既定量的条件下,商标、品牌价值要分摊到具体的商品上,品牌、商标的生产和推广过程投入的资本越多,分摊的越多。

依据资本流通总公式 G(原始资本或原预付价值)$-W$(商品)$-G^1$($G^1=G+\triangle G$,$\triangle G$ 为增值额)分析商标(品牌)价值的本质,我们可以得出如下的结论。

G 分为 $G1$(投入的商品实体的资本)和 $G2$(投入的品牌资本)两部分,则价值形成(生产过程)和实现(流通过程)可以用图 3-5 的示意图式来解释。

$$G1 \xrightarrow[\text{资本1}]{\text{劳动力(生产过程)}} 商品 \xrightarrow{\text{流通过程}} G1'$$

$$G1'= G1+ \triangle G1$$

$$G2 \xrightarrow[\text{资本2}]{\text{劳动力(生产过程)}} 品牌(G2') \xrightarrow[\text{推广资本 × 品牌(商标)资产}]{\text{消费力+劳动力(流通过程)}} G2''$$

$$G'= G1'+ G2'' \text{分摊} \qquad G2'= G2+ \triangle G2 \qquad G2''= G2+ \triangle G2'$$

图 3-5 价值形成(生产过程)和实现(流通过程)示意图(一)

买方市场下,流通过程中,必须由推广资本的投入,通过控制消费者的消费力,实现整体商品的交换,这是商标、品牌使用价值的消费者属性对价值实现的作用。同时，商标、品牌在转让、买卖过程中会实现自身价值的实现 $G2''$。通过商标、品牌买卖获得商标（品牌）价值、剩余价值，不是资本获利的主导形式，商标、品牌主要作用不是为了获得这种非主导形式，而是在流通中发挥使用价值的消费者属性的作用。

四、商标（品牌）资产的本质

消费者精神利益的载体和整体商品属性的品牌（商标），不仅是交换的需要，而且随同整体商品一同参与资本循环。依据资本流通总公式 $G—W—G'$，我们可以展开如下的分析。

在生产劳动过程和资本增值过程，存在 G 与 W 的矛盾，即商品与货币之间的矛盾。通过 G 购买特殊商品劳动力，在生产过程中增值，并获得最低剩余价值之上的多余价值，货币职能变为资本职能，从而表现为劳动与资本对立。非买方市场下的流通过程中，商品顺利交换，价值和剩余价值实现。买方市场下的流通过程中，出现的新矛盾，商品与消费者的矛盾。除货币变为资本以外，还需要让品牌变为品牌资产、商标变为商标资产，二者合力共同解决这一矛盾。

$$G2 \xrightarrow[\text{资本？}]{\text{劳动力（生产过程）}} 品牌（G2'）+ 推广资本 \xrightarrow[\text{品牌资产}]{\text{消费力 + 劳动力}} G2''$$

图 3-6　价值形成（生产过程）和实现（流通过程）示意图（二）

上面图 3-6 的图式中，一方面，由于推广资本的投入及抽象劳动的参与，商标、品牌价值 $G2$ 进一步增值为 $G2''$；另一方面，在推广资本的协助下，商标、品牌定向控制了消费力。消费力指目标市场的消费欲望、动机及消费行动和消费习惯的综合，犹如货币购买了劳动力（不仅包括生产领域，而且包括流通领域），使货币转化为可以带来剩余价值的资本。商标、品牌定向控制了消费力，使商标、品牌转化为能够带来消费力的商标资产、品牌资产。商标资产（品牌资产）是指能够带来消费力的促进整体商品价值实现的商标或品牌，其实质是商标、品牌使用价值的新形式。商标、品牌职能转变为商标、品牌资产职能，其前提条件是目标市场成为定向控制对象，能够为商品生产反复需求和商品价值反复实现带来消费力。

货币转化为资本是生产过程中商品二属性形成的必要条件，又是流通过程中实现整体商品价值（同时满足消费者需求）的必要条件。商标、品牌转变为商标资产、品牌资产则既是生产过程中商标（品牌）二属性形成的必要条件，又是流通过程中实现整体商品的必要条件。二者共同支配整体商品在循环运动中的形态转变。

西方营销理论或品牌理论中有品牌资产的概念，且有两类界定。

第一类界定，从品牌使用价值认知方面界定。

科勒（1993）认为，品牌资产是指消费者由于品牌知识的不同对品牌的市场营销行为的不同反应，而品牌知识由品牌知名度和品牌形象组成。

科特勒（2000）认为，将品牌资产分为 4 个层次，即品牌认知度、品牌接受度、品牌偏好和品牌忠诚度。

第二类界定，从混淆了品牌使用价值和价值关系方面界定。

美国市场营销研究院认为，品牌资产是品牌的顾客、渠道成员、母公司等对品牌的联想和行为，这些联想和行为使商品可以获得比没有品牌名称的条件下更多的销售额和利润，同时赋予品牌超过竞争者强大、持久和差别化的竞争优势。

法奎哈（1989）认为，品牌资产是指与没有品牌的商品相比，品牌给商品带来的超越其使用价值的附加价值和利益。

阿克（1991）认为，品牌资产是指与品牌、名称、标识等相关的一系列资产或负债，可以增加（或减少）通过商品（或服务）带给企业（或顾客）的价值。

舒科（1994）认为，品牌资产是从消费者角度出发而言的，是商品的物质属性所不能解释的在效用、忠诚和形象上的差异；从企业的角度来说，有品牌的商品比无品牌的商品更能获得超额现金流。

尼特米耶（2004）认为，顾客愿意为自己所偏爱的品牌的商品支付超过本身价格的额外费用，而这种对品牌的偏爱是因为对品牌或商品的钟爱。

第一类品牌资产概念界定是从品牌与消费者关系上界定，强调二者的统一关系，没有揭示出二者内在对立的一方面，即操纵性。第二类品牌资产概念界定，连同价值关系一并纳入了"统一关系中"，被视为品牌与消费者关系的自然延伸。品牌资产这个概念没有揭示出劳动与资本的对立、商标（品牌）资产与消费者认同的对立的内在矛盾。从《资本论》一书的视角看，商标（品牌）资产与消费者认同的对立表明资本主义社会内在矛盾的加深，表明资本所到之处，把所有的人都纳入到了资本的掌控之中，这就是资本的力量；表明商标（品牌）所到之处，把所有的目标市场都纳入到了商标、品牌的掌控之中，使人们把虚假的意识形态当作自己的意识，使人们自觉地走向商标、品牌的期望，这就是商标、品牌的力量。资本全球化伴随着品牌（商标）全球化，品牌（商标）的力量借助资本的力量，资本的力量借助品牌（商标）的力量，共同主宰一切活着的人，就连资本所有者之间也不例外。从《资本论》一书的视角看待品牌资产的概念与上述两类品牌资产概念所界定的关系，存在着本质上的差异。

交往实践观下，由于消费者不再是受资本所有者左右的中心手段，而是社会发展的中心目的，商标变商标资产、品牌变品牌资产现象自然会被弱化或在特定历史条件下退出历史舞台。

五、研究的意义

按照交往实践唯物主义和《资本论》一书的逻辑，买方市场下的商标（品牌）本质上是特殊精神商品，具有商品二重性。商标（品牌）使用价值的本质属性是作为消费者利益和消费（社会）价值观客体化的载体，承载着消费者的消费（社会）价值观并控制目标市场的行为，使之定向选择；商标（品牌）的价值则遵循劳动价值论，在整体商品价值实现过程中叠加或分摊，同时在这个过程中商标（品牌）转化为商标（品牌）资产，商标（品牌）资产的实质是控制交换实现并能带来消费力的品牌资本（资本的出场形式）。

1. 品牌是西方营销理论体系中的核心概念之一，它不是中性的概念，是与意识形态相联系的文化商品概念，不放在历史的和社会关系的条件下研究，而仅仅当作自然对象研究、不做哲学的反思是揭示不出来其本质的。

2. 西方营销理论体系中的品牌理论是与效用价值论内在关联的理论，与劳动价值论内在关联的品牌理论有重大差异。从马克思主义经济学和西方经济学比较的角度来研究，仍是需要继续做的工作。吴建安曾多次谈及"用马克思主义经济学观点研究市场营销"，这是一种期望，我对此极为认同。

3. 重视哲学比较和经济学比较角度研究，能够发现什么是需要吸收的、什么是需要改造的、什么是需要抛弃的。

第四节 品牌的本质：广义社会符号化理论下的品牌符号

一、广义社会符号化理论

广义社会符号化理论是在交往实践"主体—客体—主体"范式下建立的，是张天勇依据著名哲学家任平首创的交往实践理论（马克思主义哲学当代新全球化语境下的出场学）并在此基础上提出的，是符号学视阈上对交往实践理论的具体化。张天勇在《社会符号化：马克思主义视阈中的鲍德里亚后期思想研究》一书中论证了货币、语言都是劳动实践中产生并随劳动实践的发展而演变的符号，由于货币、品牌同为特殊商品，品牌作为符号是题中之意。本节，我将广义社会符号化理论作为中介理论来解释品牌符号化，从符号化的视角深化对品牌本质的理解。下面，我们首先对张天勇的广义社会符号化理论简介、归纳。

（一）狭义"社会符号—意义观"

狭义"社会符号—意义观"指从"主体—客体"或"主体—主体"的两极出发来界定符号的意义，要么倾向于实体的作用，要么倾向于心理的作用。

从"主体—客体"两极出发的传统符号意义观有两种向度：客体向度和主体向度。客体向度的"社会符号—意义观"主张从人之外的世界本体中寻找意义，即把人之外的客体变为一种特殊指向（某种意义）的符号，人们从中获得符号所指向的意义，古代的一切神学无不如此。从主体向度来说，"社会符号—意义观"是指人自身是意义的源泉，不是人被给予的意义，而是人自身给予了意义，主体取代客体成为意义的源泉。事实上，是人扳倒了神之后，人自己立即坐上了神的宝座，人不再是人，而是统治世界的神，人把自己符号化并加以崇拜了。

从"主体—主体"两极结构出发界定符号的意义，是由后现代强调的多元异质主体造就的，是由"主体—客体理性观"向后现代主义"主体—主体理性观"转变的结果。后现代主义看到了不同主体间的异质性、多元性，但忽略了客体底版，在克服传统"主体—客体理性观（单一主体）"的缺点时，把其优点（客体底版）一同丢失了。失去了客体底版，充当主体间交往手段的符号就失去了底版

145

这一基础，也就无法从根本上理解符号的意义。

（二）广义"社会符号—意义观"

广义"社会符号—意义观"是相对于狭义"社会符号—意义观"而言的，立足于"主体—客体—主体"的新理性观基础上，是对狭义"社会符号—意义观"的缺陷的克服。广义"社会符号—意义观"认为狭义"社会符号—意义观"的实在作风倾向、心理倾向都是一种作用、影响，重要的都是对人的作用，这两个向度共在，而且作为指向意义的符号是以社会活动（交往实践）为根基的。

广义"社会符号——意义观"的关键理论有3点。

第一，任何符号都产生于实践的需要，并由交往实践本身逐渐"提炼"而成，即交往实践是符号产生和变化的基础。任何"社会符号—意义"都有有机统一的两个向度——客体向度和主体向度，这两个向度有机统一在交往实践观内，交往实践是符号的基础和源泉，是其变化的内在根源。不仅是货币符号、语言符号产生于交往实践的需要，品牌符号也是如此，而且符号代表什么意义、在符号体系中是什么样的地位都是劳动实践的结果。

第二，任何符号最终都是为交往实践服务的，这是其目的和归宿。交往实践符号化形成了交往实践场。在这个过程中，交往实践需要决定着符号的出场与退场。

第三，符号依赖于交往实践，但又不断远离交往实践，而且交往实践水平越高，这种远离现象就越明显。符号为什么会远离交往实践？产生于交往实践的符号指向了某种意义，物一旦变成了符号，就是作为它指向的意义而存在，或者说意义是符号的功能，符号作为意义功能的存在超越了符号本身。例如，金戒指作为指向爱情长久意义的符号，是因其贵重、造型无边这些劳动中产生的属性而具有象征意义。但是，爱情长久作为金戒指的意义一旦形成，爱情长久便成了主导意义，金戒指的其他意义则退居次席了，镀金的假金戒指同样有爱情长久的意义。归根结底，这取决于男女之间表达爱意的交往需要。

当商品经济逐渐进入买方市场阶段，一切被商品化、被符号化，符号化逐渐成为社会的特征、样式的主导，这是生产力进步和交往实践的必然结果。但是，无论符号远离具体的交往实践活动有多远，它仍发挥基础性制约作用。当今的信息技术条件下，符号远离了具体的交往实践活动，成为社会特征和样式的突出形式和主导因素。

（三）广义"社会符号化"理论下的品牌符号异化

品牌符号是社会大生产过程中的产物。在机器大工业生产进入买方市场条件下，垄断资本为谋求利润、实现剩余价值，首要的问题是如何激发消费，把商品卖出去。因此，资本家要引导消费、创造市场：通过电视广告、平面广告及销售人员的推广、公关活动或销售促进措施等各种手段实施单向度强盗式的传播，把人们变成感性地跟着广告、追求非理性欲望满足的麻木的大众——甚至把虚假需求当作自己的真实愿望，把作为中介客体的商品（包括品牌）变成了象征意义的符号。这里，象征意义的符号只不过是促进消费的

147

手段而已。但是，现实中的符号处于主动的、显性的地位，似乎人们都处于符号的控制之下。当然，人们意识中认为只有被符号这一手段控制，才会主动产生购买动机和行动，所以会产生对这种手段的崇拜、路径依赖。

在电子信息时代，资本参与生产的路径发生了变化，参与瓜分利润的方式发生了新变化。牢牢控制了物质生产、积累了雄厚的资金技术的垄断资本掌控了能带来颇丰利润的核心部件、材料、技术、品牌，而将材料消耗较多的材料、能源及涉及污染的生产环节转移到发展中国家。品牌不仅通过电视、报刊等传统媒体传播并影响消费者，而且更借助互联网快速扩散，通过事件引爆、红包放送等多种方式吸引人们的眼球，培养新生代的消费力量。资本利用电子信息类高新技术传媒，通过掌控品牌符号意义的传播来控制世界，虽然新媒体中存在着所谓的互动，但真正的操纵者并不是消费者。强大的操控力下，使得人们的思想中不知不觉产生了电子符号的拜物教。

二、品牌意义与消费价值观

广义"社会符号化"理论下，交往实践诸要素之间的相互所指性就是意义。意义是关系中的存在，意义在关系中指向他者。"交往实践中，互指性意义不仅包括主体对客体的客观意义，而且包括主体对客体的主观设定的意义，更包括主体际意义。""客体的意义是以客体为载体而发生的指向主体或其他客体的客观意义。客体在与主体及其他客体的相互作用中,发生意义的多元指向性,形成客体的意义向度。"

品牌符号是符号与意义的有机组合。在交往实践唯物主义和广义"社会符号化"理论下,品牌是多极主体的中介客体、多极主体的交往纽带,其意义就是交往实践诸要素间的相互所指性。

在西方近现代哲学"主体—客体"范式下,品牌意义指的或是观念的内涵,或者是指语义(主要指词语的称谓)。在后现代哲学主体际范式下,品牌意义或是多极主体的共同指向性,或是认为意义应当摈弃,只有能指文本而已。

广义"社会符号化"理论下,研究品牌的意义首先要明确品牌是中介客体,品牌处于现实的商品经济交往实践环境中,品牌的意义与价值存在于现实的商品经济交往圈中。这个关系圈可用图3-7所示的图式表示,这个图式表明的是一个系统。在这个系统中,不仅有主体间流动的商品流,还有与商品流相伴的货币流、信息流等,本书仅探讨与品牌相关的问题。注意:这个系统与菲利普·科特勒所界定的分销概念有着本质的区别。

```
             商品、品牌              商品、品牌
生产者 ——————————— 中间商 ——————————— 消费者(主体)
             货币、信息              货币、信息
```

图3-7　商品经济交往圈示意

上面图3-7的图式中,主体包括生产者(所有者)、中间商、消费者等,中介客体包括商品、品牌等。

1. 生产者（所有者）与商品（品牌）的"主体—客体"关系包含着劳动价值的凝结，包含着具体劳动的物化（主要是消费者需求的物化）——使用价值。

2. 消费者与商品（品牌）的"主体—客体"关系包含着生产者（所有者）依据消费者的需要对商品或品牌主观设定的意义，即消费者主体需求的物化设定。

3. 主体际关系。生产者（所有者）、中间商、消费者三者之间的关系都是主体地位，但主体地位不是无差别的主体，有主动主体与受动主体的区别。

4. 商品与品牌的关系。由于商品与品牌都是中介客体，它们的关系就是客体间的意义，也就是二者在共同指向主体过程中相互之间的相互作用。相对于商品整体而言，品牌的意义就是指向商品属性、功能的设定。

在上面图 3-7 的图式中，除去品牌指向生产者、所有者，表明品牌所有者外，品牌的意义还有以下两种情形。

第一种情形，品牌指向商品的属性。即被生产者（所有者）将消费者需求的那种具有差异化的属性赋予品牌，带有差异的消费者的意向性、目的性、情感性的主观需求被赋予到品牌这个载体身上。在这种情形下，所谓品牌的意义就是代表商品的属性这一客观意义。这一客观意义与消费者主体的需求——意向、目的（既消费者的主体意义）密不可分。

第二种情形，品牌指向消费者的特定利益和消费（社会）价值观。消费者的利益本身就是有用的意义，有用的这一利益要求本身就是价值取向。生产者（所有者）将消费者需求的那种具有差异化的利益或消费（社会）价值观赋予品牌，包括消费者的主观意义（情感性）和生存意义（包括生活意义和社会意义）。当然，这是需要商品属性来支撑的，因为即便品牌指向消费者的利益与消费（社会）价值观，但不是孤立的指向，不能脱离关系圈系统，与客体间意义的指向是同时并存的。而指向第二种情形时，形成了主导价值取向。

以上这两种情形的整合，就是"属性—利益—价值观分析法"的原理，也是用"属性—利益—价值观分析法"进行商品定位和品牌定位的交往实践观的哲学原理。

品牌指向商品的有用性，最终还是要指向消费者的，间接地指向消费者的利益和消费（社会）价值观，而品牌指向消费者的利益和消费（社会）价值观的有用性则是直接指向，最终都由价值观统领。本质上，品牌是消费价值观的载体而已。品牌与社会价值观联系在了一起。通过赋予品牌以有用的意义，把社会价值取向、社会价值体系，乃至整个意识形态联系在了一起。

三、品牌符号化运动过程

张天勇论证了从简单的、偶然的价值形式到总和的扩大的价值形式、经一般价值形式再到货币价值形式，这个价值形式的转变过程就是货币商品从其他商品中独立出来获得特权的过程，也就是货币的符号化过程。在货币（金银）变成一般等价物时，它实际上变成了一种纯价值的符号和商品价值的象征：衡量商品价值的大小。同样的原理，品牌的商品化过程就是品牌这类商品从其他商品中独立出来获得特权的过程，也就是品牌的符号化过程。

品牌的符号化，在"主体—客体"哲学范式下，品牌成为其所有者的虚拟化身，品牌符号及其作为意识形态的意义变为指向和控制消费者欲望的工具。而在"主体—客体—主体"哲学范式下，品牌符号则成为主体际交往的中介纽带，品牌符号的意义指向了消费者真实的消费意识及其消费（社会）价值观，其运动依照消费者主体消费意识的品牌化、品牌化的消费意识的消费者化螺旋式上升。品牌符号化运动过程，包含着消费意识的品牌化和品牌的消费（社会）价值观的消费者化两个阶段。

意识有两种形式。一是意识的初级形式——日常实践中的意识。这种意识和物质活动、日常生活交织在一起，是其直接的产物。二是意识的高级形式——哲学、道德、宗教等，即高级精神形式。

意识的初级形式就是日常的意识，是日常思维的产物。它缺乏严密的逻辑，未经艺术提炼。日常意识是人们在生产和生活中的直接感受、观点意见等，其包含科学、艺术、道德、宗教等的思想萌芽，可以分为社会心理和日常知识两个部分。

意识的高级形式是理论思维或艺术思维的产物，包含科学和意识形态两个类别。哲学、道德、宗教、艺术等属于意识形态。它是运用理论或艺术语言，把日常的道德、宗教、艺术等思想萌芽系统化、完美化的结果。

意识形式，当它作为内在的、主观的精神时，它离不开人的肉体；当它作为外在的客观的精神时，它离不开物质的载体。商品、品牌都具有载体的作用。意识形式的物化有多种情况：一是科学知识的物化（包括具体劳动和抽象劳动导致的物化），形成实体商品；二是消费者高级意识形式——消费价值观的物化，这是品牌载体的功能；三是社会心理或感觉、体验的物化，即低级意识形式的物化。

在第三次科技革命的催生下，无论商品物化的哪一种形式，都促进了它和物质生产的结合，工艺美术、生活艺术、园林艺术逐渐发展起来，艺术工商业兴旺起来。餐饮、绿地、建筑、服装、旅游、家具、食品、装潢等行业的商品也发展起来，科学知识的物化形成商品实体，同时渗透着精神文化因素。这些精神文化因素属于低级的意识的物化。但是，这种低级的意识后面隐藏着对消费（社会）价值观的间接表达。

消费价值观有两种物化形式，一是间接物化，如上文所述；二是直接物化。在第三次科技革命的催生下，品牌作为与整体商品既对立又合一（作为整体商品的一部分在交换环节发挥作用）的商品，被独立出来承担价值观载体的作用，成为直接物化的载体，这就是品牌的使用价值的具体表现。品牌作为独立的精神商品，在促进交换价值实现中发挥着对消费者的独特影响力。消费意识的两种形式与消费（社会）价值观品牌化两种物化形式相对应。

1. 消费意识的品牌化。消费者的低级意识品牌化，社会消费心理和直接感受作为意义被赋予品牌，成为消费（社会）价值观间接表达方式；或消费者的高级意识——消费（社会）价值观作为意义被赋予品牌，在独立的工业设计、品牌创意企业（咨询公司）中实现，作为商品由最终所有者购买，成为整体商品、商品线不可分割的一部分。

消费意识的品牌化也可称之为定型化，即把消费者意识中的东西通过一定物质材料确定下来、体现出来，如以图片、文字、音乐等符号形式体现出来。消费（社会）价值观定型化是直接定型，而社会心理与感受则是间接定型。间接定型是消费商品之后的感受，这种定型与商品实体密不可分；而品牌直接定型是可以独立的。由低级意识定型向高级意识定型转化是资本运动的必然结果。

2. 品牌意义消费者化（主体化）过程。被赋予价值观的商品在流通中再生：一是越来越多的消费者被同化成受控的目标客户；二是不断以新表现形式出现，以适应吸引目标客户的要求；三是"内容不会消失，只有转移、被继承和发展"，即内容不变，形式多样。

品牌这种精神商品与商品实体、商品组合、商品线构成了整体商品（复合体）。一方面，品牌在营销渠道系统（包含物流、信息流、人流、货币流的综合系统）中随着整体商品的四处销售被推向消费者；另一方面，品牌则在传播渠道系统（包含传统媒体和互联网媒体）中通过媒体触动消费者的消费意识，使消费者做出购买选择。

3. 品牌符号空间化（场景化）运动是品牌符号运动的内容。一般而言，商品空间主要由两方面组成：一是各种商品的组合、摆放和陈列所组成的空间，一是商品销售的地点，二者共同构成商品空间。例如，商品在商场超市、零售终端的摆放陈列及与之配套的易拉宝、

第三章 马克思主义哲学交往实践观下的品牌观（上）

促销员、商场超市的总体布局、商场超市的位置及商圈等共同构成了商品的特定销售空间。这种场景化的空间，一方面是品牌符号的展示空间，表现为商品空间的品牌符号化；另一方面，品牌符号化的商品空间使得陈列于其中的商品具有品牌符号的意义和价值。这也是消费意识品牌化设计阶段的内容，同时也是商品在渠道上推广和销售实践的内容。品牌符号空间化（场景化）运动的另一方面是品牌符号消费的空间化实践，即"消费者在动机上能够考虑消费的场景化场所对其消费行为的制约性，或者说消费者与场景化空间的适切性"。在此基础上，消费者在具体的消费活动中遵循场景化的意义；或者改变原有消费空间的秩序或结构，使得场景化有可能获得新的意义（因为这种场景化并不是强制性的规范而是舆论、信息的引导，品牌符号空间化或场景化的制造者当然是希望消费者按照其意图行事）。

在网络技术广泛应用及电脑、手机的互联终端不断迭代的生产、生活景观中，尤其是QQ、微信等即时通信工具应用在移动终端的爆炸式井喷，越来越使得人们在缺场的情况下进行消费活动。在这样的情况下，品牌符号空间化（场景化）运动表现为脱离真实空间的虚拟空间场景化及虚拟消费空间实践活动，同时又表现为品牌符号的意义与价值的跨地域传播和跨地域销售，乃至全球化的传播与销售。

品牌符号化及品牌理论的作用突出表现于解决因交换至生产过程中的矛盾。销售渠道上中间商的存在使生产者无法判断中间商处的商品是否交换出去后消费掉了，尤其是长的销售渠道由于中间商

155

环节多更无法控制，这会产生生产过剩问题（非大数据时代）。在这种情况下，资本必须控制消费者，以便获得竞争优势排除竞争对手，同时使生产有计划地进行。深度分销掌控中间商，品牌广告则以消费（社会）价值观同化消费者，这是有一定资本的企业所能做到的；而移动互联网时代中的中小企业借助新媒体传播品牌携带的情感，以低成本便可以达到客户认同并在目标市场制造爆品。

总之，消费意识的物化，使品牌具有了消费（社会）价值观功能，是资本运动在特定阶段的内在要求；品牌意义消费者化（主体化）实现异化消费同样是商品经济的一般性规律，是资本运动在特定阶段的内在要求。马克思在《资本论》一书中揭示商品拜物教、资本拜物教的方法，同样可以用于揭示品牌拜物教。

四、品牌符号的职能

消费主义、享乐主义借助商品符号化，都要消费知名或认知度高的品牌商品。但是，商品符号化的消费不一定是消费主义，合理消费同样要借助商品符号化的形式。广义"社会化符号"理论下，在基本原则上不能与法治建设、社会主义核心价值观建设背道而驰，只能是社会主义核心价值观统率下的消费品牌化。贯穿这一核心价值观的哲学范式，毫无疑问是"主体—客体—主体"范式的。

1. 表明品牌及商品的所有者，这是商品经济下品牌的一般职能，在社会主义市场经济下仍然起作用。

2. 表明商品品项、商品的质量水平、性能可靠性等。社会主核心价值观要求商品内在质量具有可靠性，而不是添加所谓的神秘成分或偷工减料。

3. 摈弃虚假的需要。用品牌符号来表达仁义道德、把少数人的欲望当作全社会的欲望、把少数人的意识形态作为多数人的意识形态，这是与社会主义市场经济的内在要求不相容的。

4. 用社会主义核心价值观来统率品牌符号。感觉、情感赋予品牌作为品牌符号的意义时，要考虑其有用性，底线是不背离社会主义核心价值观。而饱含资本意志、凸显"主体—客体"式的价值观的品牌符号，由于背离了社会主义核心价值观则须要坚决摈弃。

五、以索绪尔语言符号学为依据的品牌符号界定分析

汪海波在《品牌符号学》一书中以索绪尔语言符号学为理论依据界定品牌符号。该书认为：

1. "语言/言语是'索绪尔语言学的中心思想'。语言是一种社会制度，又是一种价值系统。"

"品牌传播在本质上是一个运用文化元素增加品牌附加价值的系统工程，抽象存在的品牌网络与消费者的品牌消费行为，分别构成了品牌传播中的语言和言语。"

2. 语言与品牌网络的关系。"所谓品牌网络，指消费者在心理上如何看待产品、服务及品牌。"抽象存在的品牌网络就是语言。"整合营销传播的基础源于对消费者头脑中的品牌网络的了解。"了解品牌网络的方法是抽丝法，用目的与手段的连环概念对产品抽象分析，

品牌理论与哲学范式：交往实践唯物主义及哲学比较视阈

即"具体属性——→抽象属性——→功能性的影响——→心理社会的影响——→具体价值——→最终价值"，从中发现消费者心中意念的相关含义及影响消费者选择的关键因素。语言具有社会性。品牌网络作为消费者品牌意识，由商家、消费者、媒体评论等群体共同建构了品牌网络，其中的商家出于追逐利润的需要进行的决策是关键。语言具有系统性。品牌网络由初级层面具体不同品牌组合和抽象层面不同价值属性组合，构成了共存结构关系。品牌网络作为语言，揭示品牌消费的交流性特征。语言之语有规约性，品牌网络有相对稳定性。语言具有稳定性，表现出强大的惯性作用——品牌网络一旦形成，消费者被感性消费左右。

3. 言语与品牌消费。消费者的品牌消费行为就是言语。品牌消费行为，在具象层面表现为消费者个体对具体品牌的选择与消费，而在抽象层面则表现为一系列价值属性的组合。研究消费者行为，应脱离具象层面，寻找共同的"符号元素"——价值取向，并将反复出现最多的元素——某一特定价值取向，确定为关键价值取向。

4. 从语言与言语关系看品牌网络与消费者行为关系。言语受语言限制，是语言的显现；品牌网络制约品牌消费行为，品牌消费行为也体现了品牌网络。改变"语言体系"可改变言语表现，通过品牌传播改变品牌网络可改变消费者行为。

下面，我们对此种品牌符号做如下分析。

1. "索绪尔是结构主义的先驱，他将世界视为符号世界，认为'语言/言语'是把握世界的元方法。"结构主义是实践论基础上建

第三章 马克思主义哲学交往实践观下的品牌观(上)

立的意义理论,其意义指证是实践论的,是在不变的结构中寻找不变的意义。但是,单一主体的"主体—客体"模式是其实践结构,作为主体的人,"或是抽象的,或者就是自我,没有他者,没有主体际交往关系。"

用索绪尔"语言/言语"解释和把握品牌符号就会陷于"主体—客体"思维的模式中。我们可以看到:商家集团(主体)——→品牌传播(抽象客体)——→消费者(客体)品牌网络——→消费者行为,是单向关系。而且,这种单向关系处于脱离交往实践的语言交往中。同时,在这种模式下,我们也能看到品牌网络结构决定消费者行为。

2. 结构主义理论根源在于将单一主体与交往结构的对立,两者只能取其一。"结构主义注重研究为单一主体观所忽视的人类文化、神话和语言中诸要素的关系结构,这一致思取向是合理的。但是,结构主义进而将结构视为先于历史、脱离主体的自足系统,否定主体存在对于结构的创造性作用,走向了另一极端。"品牌网络作为语言的抽象存在,就是否定主体际的自足系统。

3. "在马克思看来,语言、话语作为一种精神交往行为,是交往实践活动派生的。语言是存在的一个家,但却不是存在本身,语言是我们生活的世界的一部分,但人类首先生活在社会实践之中。不理解社会存在的意义,就难以理解语言(包括语用)的意义。而现代社会展现于我们面前的是一幅由无数人的交往活动交织构成的总画面,它蕴含着不同序列、不同层次、多维的交往行为。交往实践,即多极主体间的社会物质交往活动,是这一总结构的内在基础,它派生着和制约着人们的认知、语言、道德、价值、情感等一切精神交往过程"。语言是当代社会的文化形式,而言语是个体文化因式,语言交往是主体成为语言主体的基本构建活动,但脱离不了交往实践活动。用广义"社会化符号"理论来看待符号,包括品牌符号,意味着在交往实践的基础上理解作为中介客体的品牌与消费者品牌意识、社会价值观之间的关系。

第五节 品牌和企业品牌文化与消费（社会）价值观

一、价值观与消费价值观

价值观是一种价值意识，是对价值关系的反映，是指导人们思想行为根本的价值意识。价值观作为一种价值意识，其反映的对象不是单纯的主体或客体，而是客体属性与主体之间的关系，即价值关系。价值观是渗透在一切社会意识形式（政治、法律、文学、艺术、道德、科学）中，通过各种社会意识形式表现出来的、更深层次的、带有一定倾向性的价值意识。价值观分为两类：一是处于从属地位的一般价值观（包括消费者的消费价值观），一是处于主导地位的核心价值观。

消费价值观是人们对消费的根本看法、对消费活动的价值判断，它受社会核心价值观的统领，是社会核心价值观在消费领域的体现。

消费（社会）价值观与品牌看似不相关，却有着内在联系。

二、西方企业品牌与消费（社会）价值观关系的考察

品牌承载消费（社会）价值观，指企业所有者将消费理念直接或间接赋予品牌，并运用各种传播手段向目标消费者传递或互动，以求让其产生购买行动。

迪士尼乐园和观光地公司董事长保罗·普莱斯勒总结品牌创建与维护时指出：伟大的品牌能够垄断人们的思想；伟大的品牌一定要具有人类的面孔，有一个鲜明的人物形象；伟大的品牌应该提供有意义的情感补偿；伟大的品牌贴近消费者，即消费者对品牌有期望。也就是说，必须用普世价值、社会核心价值、与需求相关的消费价值赋予品牌，才能牢牢抓住消费者。日本东京大学教授片平秀贵在《超级品牌的本质》一书中，把"超级品牌怀有梦想"作为品牌的首要法则。自从20世纪50年代以来，西方社会进入消费社会，品牌的塑造便成为企业的焦点，当今世界上著名的跨国集团塑造的品牌成功的秘诀无不如此。

可口可乐公司认为要紧紧地、永久地抓住消费者，只有文化和精神才是核心因素。把崇尚个人自由、富于个人挑战的"美国精神"赋予可口可乐品牌，是可口可乐公司成功的秘诀。可口可乐被称为

第三章 马克思主义哲学交往实践观下的品牌观（上）

装在瓶子里的"美国梦"。

芬兰通信巨头诺基亚公司把"科技以人为本"赋予诺基亚品牌，在手机设计上采用直板路线，注重实用、结实和符合人体力学的要求，以轻、小、薄的特点给消费者的生活上以便利。"以人为本"是西方后现代主义思潮的核心概念，实质是把一种社会价值观赋予诺基亚品牌。这里的"人"指个体的人或特定目标市场。

耐克被赋予果敢、勇于胜利、敢于挑战和自信的内涵，充满运动精神、运动之美。

李维斯牛仔裤是"挣脱束缚，表现自我，崇尚自由"的象征。通过粗犷、坚忍不拔和不畏风雨的独特个性展示，把这种象征赋予李维斯。

欢乐是人类最普遍、最基本的需求，追寻欢乐是人类共同的追求。制造并销售欢乐是迪士尼公司的生意经。把"健康的家庭娱乐"赋予迪士尼品牌，诠释出个人与家庭之间的关系，给家庭成员提供一个营造特殊的快乐时光的方式。而且，就连"米老鼠"也被按照品牌的塑造模式来刻画。"初期的米老鼠卡通中，米老鼠是粗暴、蛮不讲理的，甚至是有些残酷的。迪士尼公司的创始人很快意识到，如果米老鼠要被老少观众接受，这样的行为决不可以再发生。米老鼠必须反映观众普遍坚定的良好信念。因此，诚实、可靠、忠诚、尊敬他人等优良品质组成了米老鼠的性格特点。"这就是我们今天所看到的米老鼠形象，把人的良好品质赋予了老鼠——让人讨厌的家伙从此也会给人以快乐了。

宝马公司，在工业设计中保证卓越安全的前提下，使宝马各种

品牌理论与哲学范式：交往实践唯物主义及哲学比较视阈

车型的各种"可操作性"能够发挥出驾驶的乐趣，使人在驾驶的时候感受到人与车的协调融合，感受到潇洒、激情、活力。宝马品牌被赋予"驾驶的乐趣、驾驶的享受"，也就名副其实了。

IBM，寂静的溪流上一块蓝白相间的木板横卧在岸的两边，寓意是 IBM 品牌是一块沟通企业和客户之间的跳板，表示 IBM 是帮助客户解决问题的最有效手段。IBM 就是服务，把"服务"赋予 IBM 品牌。服务什么？"四海一家的解决之道"。

沃尔玛的成功秘诀也是"服务"，是服务人员对顾客的忠诚服务，是基于消费趋势的解决方案，而不是单一的卖或买。服务是沃尔玛品牌的本质。

阿尔卑斯糖。阿：拼音字母的开头，第一的意思。尔：你的一半，意思是你是我的一半。卑：通"贝"，宝贝的意思。斯：古语"我"的意思。阿尔卑斯的含义就是：宝贝你是我的唯一，我爱你一辈子。"表达爱，只需一颗阿尔卑斯"，把"爱"赋予阿尔卑斯品牌，阿尔卑斯品牌就变成了"爱"的载体。

从以上的论述可以得出，品牌可以成为消费（社会）价值观的载体。"品牌也常常被赋予属性、利益的内容"，与此结论是否冲突？宝洁公司是多品牌战略的典范，其旗下洗发产品采用不同的品牌进行区隔。海飞丝：去头屑，没烦恼。飘柔：柔顺好梳理。潘婷：头发亮丽有光泽。沙宣：绝对时尚。看似表达的是给目标市场的利益，实质上表达着价值观——爽快、健康、自信、活力。马克·E.佩里在《战略营销管理》一书中，论述了属性、利益与价值观之间存在着对应关系，而且"利益定位必须有相关的属性和个人价值之间联系的支持"。看似品牌承载了利益的内容，实质上隐喻着消费（社会）价值观，宝洁公司洗发产品的各品牌实质上间接承载了消费者的消费（社会）价值观。

三、西方企业品牌文化与西方消费（社会）价值观关系的理论考察

品牌概念的获得、规划、传播塑造以及重构过程，构成了企业的品牌文化。品牌塑造和传播形成的品牌文化是大众文化的组成部分。品牌与消费（社会）价值观的关系，通过品牌文化展开，这涉及西方的意识（价值观）与行为控制的理论和大众文化与意识形态理论。精神分析学和大众文化理论是相继出现的理论形态，相继经历了一百多年的研究和实践过程。

精神分析学的创始人弗洛伊德较早地研究了精神分析理论。精神分析理论是"关于意识形态的理论"，产生于19世纪末和20世纪初。精神分析理论揭示出意识形态如何通过个体生理结构之间关系作用于人的意识，达到对行为控制；或从人的本能与意识形态关系上揭示，意识形态如何对人的行为进行控制。弗洛伊德的外甥伯尼斯是弗洛伊德理论的应用者，第一次世界大战期间在美国实施"说服工程"——控制公众的心智，帮助商业或政治集团争取到客户或选民的支持。第一次世界大战后，伯尼斯创办了第一个公关公司，在纽约大学开设了第一堂公关课。弗洛伊德之后，经荣格和阿德勒的发展，到20世纪40年代后，西方出现了以沙利文、霍妮、弗洛姆

品牌理论与哲学范式：交往实践唯物主义及哲学比较视阈

等为代表的新精神分析学派。他们把精神分析的方法继承下来，加以改造和发展，并推广到哲学、历史、伦理、文学艺术等许多文化研究领域中。由此，精神分析理论不仅成为企业控制消费者的理论工具，也成为法兰克福学派和诸多现代西方哲学流派的一个主要渊源。

19世纪中叶之后，伴随着资本主义商品经济的大发展，大众文化得到快速发展。大众文化与社会意识形态（社会核心价值观）之间关系的理论研究，经过了从批判到辩护的历程。从阿诺德与利维斯的文化精英主义到法兰克福学派的文化工业批判，再到结构主义的符号学、语义学转向，其主基调是批判。这其中，20世纪二三十年代兴起的法兰克福学派影响最大，该学派认为，"大众文化是一种工业文化，它以商业原则取代艺术原则，以市场要求取代精神要求，因而其文化产品是雷同的、平庸的，在这种文化的强大影响下，民众丧失了自身的判断力，成为被动的文化消费者"。结构主义的文化理论标志着文化研究的一个符号学与语义学转向。鲍德里亚将结构主义原则用于对消费社会的分析，在符号学的意义上深入地揭示了消费活动的意识形态性与操控性。从英国文化研究学派到美国詹姆逊为代表的后现代主义文化理论，主基调则是辩护。英国文化研究学派拒绝高雅与低俗的文化二分法，将所有文化形式看作连续统一的文化表现，重新定义了大众文化，充分肯定了大众文化的政治化、独立化。大众文化与社会意识形态（社会核心价值观）之间的关系进入了传播学、社会学、文化学的研究范围，并进一步推动了实践上的应用。

第三章 马克思主义哲学交往实践观下的品牌观(上)

20世纪90年代,反抗、消解主流文化、意识形态的后现代思潮在西方兴起,并向具体学科渗透。美国学者詹姆逊把后现代主义界定为晚期资本主义的文化逻辑,即是当代资本主义的流行文化、大众文化。实际上,这只是当代资本主义大众文化当中的一股潮流,但这股具有反抗精神的大众文化潮流深深地影响着一些具体学科的发展,营销传播理论、广告理论、品牌理论等都有着后现代主义的独具特色的理论体系和创新学科。由此,20世纪50年代以来,随着西方社会买方市场、消费社会的到来及实践的需要,现代主义的各种品牌理论、后现代主义的品牌理论相继产生并得到不断发展、完善。法兰克福学派的研究及理论根基是"主体—客体"哲学范式的。这种范式下,品牌文化与消费(社会)价值观间存在这样的内在联系:社会(核心)价值观可以通过从属于大众文化的品牌文化来控制社会(消费者),从属于大众文化的品牌文化是社会(核心)价值观的转化途径。在西方现代主义下,通过品牌的设计、传播、塑造来影响、控制消费者的观念和行为;通过品牌推广、品牌义化构建把消费价值观或社会价值观推向大众,尤其是目标市场,成为企业的惯常做法,这种品牌文化成为大众文化的独立形态。经历了半个多世纪的实践和理论发展,对西方跨国公司而言,这种品牌运作已经驾轻就熟了。而在现代哲学主体际范式下,品牌文化与消费(社会)价值观间存在这样的内在联系:品牌就是意义、言说、价值观,强调在主体际互动中传播意义。由于品牌不具有中介客体性质,实际上"互动"蜕变为主导者虚假的谋利手段,并不能消解主流意识形态。

品牌文化是消费（社会）价值观的转化途径之一，消费（社会）价值观通过品牌文化来影响消费者的观念和行为，是西方跨国企业热衷于"品牌运作"的秘密。那种认为大众文化具有消解主流意识形态功能的认识是偏颇的。包含品牌文化在内的大众文化与意识形态（社会核心价值观）的关系，对于我们正确认识品牌文化与消费（社会）价值观的关系，具有借鉴意义。

综上，说明品牌、品牌文化不是中立的概念。在交往实践唯物主义视阈下再探讨时，品牌与社会价值观在内容上有本质的不同。

四、交往实践唯物主义及作用

所谓交往实践，是指多极主体间通过改造或变革相互联系的客体的中介而结成社会关系的物质活动。交往实践认为，人类实践结构由"主体—客体—主体"这三体构成的，它贯穿着"主体—客体"与主体际双重关系。在这里，"中介客体"向多极主体开放，与多极主体同时构成"主体—客体"关系；作为异质主体的主体际关系，是建立在"主体—客体"关系上的，通过"中介客体"而相关和交往，并相互建立为主体的关系。以往，对马克思主义哲学交往实践观的理解，将之归结为"主体—客体"两极模式，忽视了主体际关系和多极主体的存在，混同于现代主义实践观的"主体—客体"两极模式。而后现代主义在解构现代主义实践观"主体—客体"二分结构，强调主体际存在的同时，又根本否定客体底版的存在。因此，交往实践是对传统实践观和后现代实践观的双重扬弃和超越，是时代精神的反映。

在交往实践唯物主义视阈下,以商品(服务)为纽带的多极主体(生产者、中间商、消费者,人不再是客体)关系可以构建起来。主体利益和价值观的客体化、客体的主体化普遍存在。一些概念如品牌、价值观被赋予新的内涵,可以重新被构建起来,品牌与价值观之间的关系可以通过新的模型表述,CIS理论也有了新的内涵。

五、品牌概念与消费(社会)价值观、公司核心价值观之间的关系

品牌承载消费(社会)价值观指品牌所有者把消费理念(意义)赋予品牌,使品牌与意义之间构成能指与所指关系。能指与所指关系用一个术语——"品牌概念"表述。不同哲学思维下,品牌概念表达的术语不同,有的用品牌DNA表达,有的用品牌密码表达,有的用品牌精神表达,还有的用品牌价值表达,等等。品牌运作通过品牌概念来实现。

品牌概念又有商品品牌概念和公司品牌概念之分。

商品品牌概念是目标消费者消费价值观与商品品牌核心价值的功能之间关系的语言表达。

公司品牌概念是目标市场群共有消费价值观与公司品牌核心价值功能之间关系的语言表达。

营销主体间存在以商品(服务)为纽带的关系,即主体利益和消费(社会)价值观的客体化、客体的主体化过程。所以,社会价

值观、公司价值观、消费者消费价值观与公司品牌概念和商品品牌概念之间存在着内在的关系和相互作用，构成了公司核心价值观形成的机理理论。下面，我们用公司核心价值观形成的机理图（见图3-8）来说明此理论。

```
商品品牌核心价值功能          公司品牌核心价值功能
        ↕                              ↕
   商品品牌概念                    公司品牌概念

单一目标市场消费价值观——目标市场群共有消费价值观    公司核心价值观
        ↑                      ↑                      ↑
                                                  企业家价值观
────────────────────────────────────────────────────────
                      社会价值观体系
```

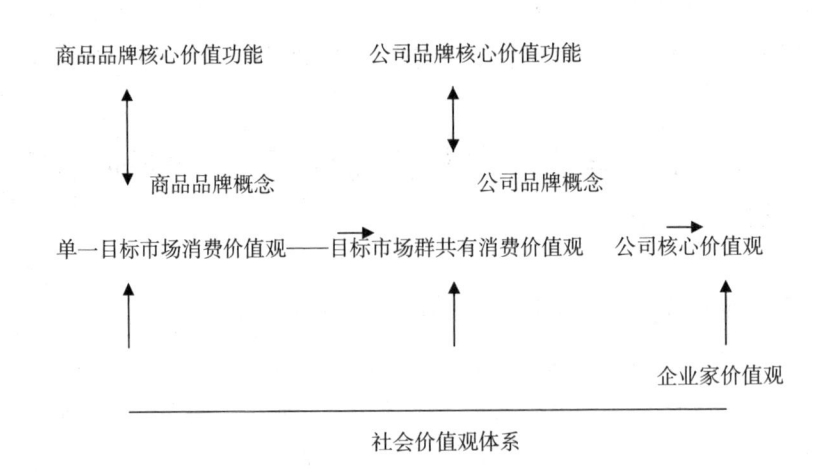

图 3-8 公司核心价值观形成机理示意图

社会价值观体系影响单一目标市场消费价值观，也影响目标市场群共有消费价值观、公司核心价值观的形成，从而影响商品品牌概念和公司品牌概念的形成。

目标市场群共有消费价值观由众多单一目标市场消费价值观、社会价值观体系抽象而来。公司核心价值观由目标市场群共有消费价值观、社会价值观体系抽象而来。社会价值观体系对公司核心价值观的影响往往通过企业家来推动，所以，企业家价值观成为公司核心价值观形成的直接决定因素之一。这就是公司核心价值观形成的机理。

由以上的论述可以看到，社会价值观对公司核心价值观、品牌概念起统摄作用。品牌概念的形成不能不受到社会价值观，尤其是社会核心价值观的影响。现实中，社会核心价值观、公司核心价值观与商品（或公司）品牌价值功能之间的关联，常常被割裂。突出表现在3个方面：①公司核心价值观与品牌概念两张皮，二者的关系没搞清，实际操作中联系不起来，甚至公司核心价值观的推广、品牌概念的推广各有一套理论和操作体系；②目标市场消费价值观与公司核心价值观之间的关系模糊；③商品品牌概念、公司品牌概念模糊。原因是不懂得品牌具有核心价值功能——承载消费者消费价值观的功能。

六、CIS 理论：用品牌概念演绎消费（社会）价值观

用品牌概念演绎消费（社会）价值观的有效工具就是 CIS 理论。CIS 理论有3个有机结合的层次，即 MI、BI、VI。其中，MI 是思想理念，它一以贯之，渗透在 BI 和 VI 中。CIS 理论是从贯彻公司核心价值观发展起来的，MI 被认为是公司的核心价值观。其实，以品牌承载的消费（社会）价值观是公司核心价值观的 DNA。当企业名称与品牌名称一致时，品牌承载的消费（社会）价值观就是企业的 DNA，即构成企业核心价值观的核心，如诺基亚。当企业名称与其中一个品牌名称一致时，该品牌承载的消费（社会）价值观就是企

业的 DNA，即构成企业核心价值观的核心，如可口可乐。CIS 理论同样可以贯彻品牌概念。不同的价值观体系下，MI 中的核心价值观是不同的，CIS 理论被赋予了不同的内容，即所谓的形式相同、内容有别。CIS 理论在形式上具有工具意义。不管什么形式、内容的品牌概念被贯彻，CIS 理论都是有效工具。李世丁的"品牌传播一致性策略的壳层模型"和翁向东的"品牌识别系统模型"异曲同工，但 CIS 理论传播面广、时间长，更容易被人们接受。

不同的价值观下，MI 中的核心价值观是不同的。在 CIS 理论中，如果是实用主义的"理念层"，则强调理念对人的价值属性，而不考虑是否是对客观规律的正确反映，在营销实践中就突出表现在"实用主义理念向实务流程转换、实用主义理念向专业技能转换"。"关键并不在于你有什么样的价值观，而在于你是否有核心价值观且知道它是什么，是否将它融入组织中并长期恪守这一价值观。"这就是一种实用主义论调。对客观规律的不正确反映的价值观，长期左右消费者，会导致品牌对消费者的异化现象。寻求什么样的社会价值观赋予品牌是一个大问题，并不像一些书上说的"不在于你有什么样的价值观"。社会主义核心价值观指导品牌概念的形成，指导品牌的塑造，可以弱化并努力克服品牌异化，为企业发展及和谐社会的建设助力。

用 CIS 理论强化品牌概念如一。在 CIS 理论指导下，用公司核心价值观形成的机理理论指导 MI 的规划（包含品牌承载的消费价值观），以品牌承载的消费价值观为中心，建立品牌识别系统，以品牌识别系统统率和整合企业的一切营销活动，是品牌营销的基本内容。这个中心是相对恒定的，而品牌识别系统要与时俱进，只有这样才能不断强化品牌承载的消费价值观，才能持久地把信息弹不断地射向目标消费者并不断与之进行情感和思想沟通。这一路径不仅是用品牌概念和公司核心价值观创造企业经济效益的路径，也是用品牌概念和公司核心价值观支撑消费（社会）价值观获得社会效益的路径。

七、用社会主义核心价值观指导品牌塑造

社会主义核心价值观中贯穿着"主体—客体—主体"关系范式，即社会主义根本关系范式。中国企业进行品牌塑造活动，应自觉地以社会主义核心价值观为指导，这具有非常重要的现实意义。

其一，目标市场消费价值观与社会主义核心价值观相一致、获得持续竞争力的需要。很多成功的跨国企业，诸如沃尔玛、IBM、可口可乐等的成功表明：以品牌承载消费（社会）价值观，并始终如一的贯彻，以统率企业经营和营销工作，使消费（社会）价值观功能得到发挥，是拥有持续竞争力的秘诀，是基业长青公司普遍的制胜法宝。中国企业要走向优秀、持续百年竞争，就需要在社会主义核心价值观指导下学习跨国公司这一制胜秘诀。

如果品牌所承载的消费（社会）价值观、公司核心价值观与目标消费群的价值观相一致，那么在适宜的推广战略、战术下，自然会得到目标消费者中更多人更快的认可。海尔就是最有说服力的例证。诚信是中华民族的基本价值观，也是社会主义核心价值体系中

的基本价值观念,海尔所推崇的"诚信到永远",无疑是与目标消费群中绝大多数人对诚信的追求和价值判断相一致。海尔在经营活动的每一个环节都贯彻"诚信到永远",无疑会引起目标消费者的共鸣。

其二,承担社会责任的需要。中国企业自觉以社会主义核心价值观为指导,构建公司核心价值观、规划并塑造品牌所承载的消费价值观,是推进社会主义核心价值观建设的有效途径之一。将企业命运与国家命运联结起来,成为推进和谐社会建设和民族复兴的脊梁,这是当代中国优秀企业和优秀企业家的最重要的社会责任。例如,海尔高举"诚信到永远"的旗帜,对社会主义核心价值观建设、对推进和谐社会建设起到了推动作用,对引导企业自觉以社会主义核心价值观为指导起到了示范作用。

社会主义精神文明建设包括教育科学文化建设和思想道德建设两个方面。品牌理论作为市场营销的重要内容,无疑是社会主义精神文明建设的一部分。企业作为市场营销和品牌理论的实践者和推进者,把社会主义核心价值观融入品牌建设的全过程,既是对学科的具体实践应用和推动,又是对思想道德建设的落实。实质上,这是在企业内外运行过程中对社会主义精神文明和社会主义核心价值观的全面落实,对推动建设文明、健康、科学的生活方式有积极意义,当代中国优秀企业家和优秀企业应当清醒地认识到这是必须要承担的社会责任。

其三,克服品牌对消费者异化的需要。所谓品牌对消费者的异化,指在品牌的传播、诱导下,使消费者迷恋于某些品牌、被品牌左右,喜欢消费这些品牌所指引的商品并产生不良后果的现象。这

第三章　马克思主义哲学交往实践观下的品牌观（上）

里有两个要点：一是消费者进入了被物（品牌）所困之局；二是不知不觉中消费者被物（品牌）所困，引发了不良后果。"人长期喝可口可乐，会引发难愈的口腔炎症，对肥胖会起到促进作用"，这是一些电台广播上常播放的养生知识。不难理解，这些问题可以从中医理论中得到答案。可口可乐饮料中有糖，甘甜者入脾经，在正常饮食外长期摄取糖会产生湿腻，影响脾胃功能，进而影响其他脏腑，进而产生各种炎症……高油、多盐、多糖的生活习惯是"三高"（高血压、高血脂、高血糖）疾病的重要诱因，一些知名快餐品牌企业提供色、香、味皆佳的油炸的、奶油的、高糖的食品，加上温馨的就餐环境，吸引了很多小孩子和少男少女，甚至使一些小孩子流连忘返。但是，这些食品被营养学家称之为"垃圾食品"，偶尔吃也无妨，如果被这些食品诱惑，养成不健康的饮食习惯，不知不觉就会受到伤害。

不加约束的品牌文化往往宣扬"追求享乐、追逐眼前的快感，培养自我表现的生活方式"，"这种生活方式使人们生活在时尚与流行之中……人们关心的只是'消费时的情感快乐及梦想与欲望等问题'，撇开了对生命的沉重的思考，把梦幻、想象与生活方式编织在一起，用商业化提供人性的完美去掩盖现实人性的痛苦"。从一般意义上说，买方市场和与之相适应的品牌文化、大众文化，必然产生品牌拜物和品牌对人的异化现象。社会主义市场经济下，也必然存在此现象，但处理好品牌文化与作为主流文化核心的社会主义核心价值观的关系，弱化或克服品牌对人的异化是可能的，也是非常有必要的。一方面，企业要教育消费者理性消费，注意克服被异化的可能。另一方面，企业在观念上、宣传上也要有度。过了度，即便是好东西，也会产生不良后果。以社会主义核心价值观来指导企业的品牌塑造活动，就要在观念上自觉约束对品牌的塑造行为，要在不同程度上弱化甚至克服品牌对消费者的异化。当然，以社会主义核心价值观为核心的制度及法律法规等必然要设置限制品牌对消费者异化的条文，这既是对消费者的保护，也能规范企业的行为。企业主动规范自己的行为，不图一时之利，自然会深受消费者的欢迎。

第四章

马克思主义哲学交往实践观下的品牌观（下）

导读

第一节　当代中国的消费品牌化与消费主义
第二节　社会主义核心价值观下的品牌示范：
　　　　中医哲学与中医药企业品牌文化建设
第三节　社会主义核心价值观下的品牌示范：
　　　　海尔"人单合一"的管理哲学与品牌核心理论

第一节 当代中国的消费品牌化与消费主义

消费主义是个人利益至上、个性自由的西方现代主义价值观在消费领域的体现。我国改革开放以来，消费主义价值观对我国消费者的消费观念（乃至人生观）产生了一定的影响，其中消费品牌化与消费主义在我国的形成有着不可分割的内在联系。

一、消费主义思潮在我国形成的原因

陈昕在《救赎与消费：当代中国日常生活中的消费主义》一书中用实证方法论证了中国城市与乡村消费主义倾向，就炫耀性消费和

品牌理论与哲学范式：交往实践唯物主义及哲学比较视阈

象征性消费而言，城市与乡村都实际存在且发展着，外因——跨国公司的广告对此影响较大。郑红娥在《社会转型与消费革命：中国城市消费观念的变迁》一书中通过对消费环境演变、消费行为演变、消费观念演变的实证分析，论证了我国已存在消费主义思潮。纪秋发在《中国社会消费主义现象简析》、余保刚在《消费主义与我国主流意识形态建设研究》中均指出消费主义在我国的存在。我国消费者产生消费主义的主要原因有3个，分述如下。

1. 富裕人群的带动和面子型攀比消费。中国的富裕人群致富之后在资本扩张的同时带动了豪华消费，如豪华旅游、高尔夫、豪车、别墅等炫耀性、身份性消费，崇拜国外名牌，追求极致享乐。另一方面，中低收入人群出于爱面子的心理作用，盲目从众、攀比消费，形成从衣食攀比到房子、汽车、旅游，再到婚丧嫁娶、升学就业等的全方位攀比，讲排场、显示过得不比别人差，享受达到某层次为目的之消费。"中国文化有很多特点，其中注重面子是一个重要特点。鲁迅先生说：面子是中国精神的纲领。林语堂：'面子'是统治中国人的3位女神（面、命、恩）中最有力量的一个，它是中国人社会交往中最细腻的标准。什么是'面子'，其实就是别人对你的评价。所谓面子行为，其实就是做给别人看的一种行为，就是期望在别人心目中塑造出某种特定形象的现象。为什么中国社会注重面子？面子文化本身也是一种秩序均衡，是在特定的社会政治经济结构下内生的一种均衡秩序。"这段话揭示了无论富裕者还是中低收入者都有攀比消费的心理。

2. 腐败性消费的带动。腐败性消费有3类。一是权力寻租，实权者接受有求于其办事的人吃请、娱乐场所纵欲、打高尔夫、骑马、贵重礼品等高消费。二是非法公款消费，借助工作名义所进行的以实现个人利益为目的的消费行为本质上是以权谋私，如公款吃喝、公款旅游、公费购车、公费购物和装修住宅等。三是领导干部带头大操大办，如借婚丧嫁娶、升学、生日、搬家等机会请客敛财。腐败性消费是满足乐享人生欲望的不正当消费。

3. 跨国公司品牌传播与大众传媒的合谋。西方跨国公司在我国资本扩张与增值的需要是其推进享乐和消费至上的价值观的主要原因之一。品牌传播是主要手段。大众传媒业的资本在追求利润最大化原则的商业逻辑支配下，与跨国公司的资本合谋，为品牌传播提供保障和支持，以制造流行时尚推手的地位，分享来自广告费中的高利润。大众传媒还通过"报道事实"（新闻报道中追求感情煽情、情节夸张、结果离奇等，将新闻事件当作可以弁利的消费品）、"提供娱乐"（凶杀暴力、明星绯闻、两性关系等）、好莱坞文化大片、引导欲望的广告等形式，把物化在各种商品之上的符号意义——诱导欲望的，传达给消费者，以此影响人们特定的消费价值观（包含着消费至上），使人们将虚拟世界与现实世界混为一谈，诱发非理性的模仿消费主义生活方式，为品牌传播营造价值观认同的社会环境，尤其是其借助融广播电视、电影音乐、报纸杂志于一体的网络传媒将消费为目的价值观渗透向包括中国在内的世界各地。

消费主义在我国的兴起的上述3个主要原因，都是把消费当作目的的。前两个原因是内部原因，第三个主要原因——消费品牌化是消费主义的形成的原因之一，它不但单独对消费主义形成起着作用，还渗透于前两个原因中，与前两个内部原因不可分割的联系在一起，共同推动了消费主义在我国的兴起与发展。

二、消费主义在我国的表现形式、危害及化解途径

消费主义是把消费当作目的，为消费而存在的生活方式，人在某种意义上成了消费享乐的动物。郑红娥在《社会转型与消费革命：中国城市消费观念变迁》一书中提出区分合理消费与不正常消费的观点，不能把人们对美好生活的追求当作消费主义进行批判。该书提出合理消费与消费主义消费方式的根本区别在于：第一，是否超出了个人承受能力；第二，是否超越消费需要层级现象（指马斯洛需要层次论），为了追求符号象征宁愿压低基本生活需求就是消费主义的表现；第三，是否是一种正当、健康的消费，低级、下流及不符合道德规范的消费便是消费主义的表现。依据消费主义的判断标准确定消费主义表现形式，这个思路是值得借鉴的。以"主体—客体—主体"的哲学范式作为审视依据，消费主义在我国的表现形式有3类：一类是非理性符号性消费；一类是离轨性消费（党纪国法所不容的消费）；一类是受西方消费主义影响，接受并追求享乐主义的消费。

非理性符号性消费。现代化进程是在商品经济语境下进行的，一些合理生活的话语由商品符号系统充当。"不同意识形态和体制的国家，商品符号的话语系统是不同的。"不符合"主体—客体—

第四章　马克思主义哲学交往实践观下的品牌观（下）

主体"的非理性符号消费属于消费主义。一方面，我们要看符号意义传播者把消费者看作什么——客体还是主体，传播的是虚假需求还是真实需求；另一方面，我们要看消费群体的消费价值观，是主动追求，还是被诱导失去理智。超出个人能力外的消费也属非理性符号性消费。

离轨性消费。离轨性消费是挑战社会公平正义的消费，其表现形式有两类：一是直接危害个体的消费，如酗酒、吸毒、网瘾、嫖娼等消费行为；一是上文所述的腐败性消费，由此形成了追求炫富和奢侈消费的富裕人群。郑红娥的研究表明这类消费主义表现形式在我国是主要形式之一。

消费主义的主要危害有4点。一是推动了人际关系潜规则的形成，使党纪国法形同虚设，阻挠了改革的推进和法治的建设。二是助推着腐败新消费的形成和发展，败坏了社会风气。三是对包装等的奢华追求，浪费资源。四是消费主义的时尚和潮流使青少年的消费意识被引向追逐时尚、追逐国外大品牌的方向，不利于青少年建立健康、理性的消费观。总之，消费主义的制造者不断制造着异化消费，不断诱导着消费者的消费的异化。

为消除消费主义的危害，不少专家提出对策，用培育新的消费观来取代消费主义，如科学消费观、消费发展观、消费生态化、可持续绿色消费、可持续消费等，名称虽然不同，但内涵大体一致。打铁还须自身硬，从和谐发展和社会主义核心价值观的贯彻上看，需要消除消费主义的危害。

化解消费主义的主要途径有5个。一是惩治腐败，规范行为，将权力关在笼子中。二是建立以人为目的的理论学科体系。例如，以"主体—客体—主体"哲学范式所贯穿的理论学科体系，包括经济学、政治学、法学、管理学、营销学等学科群。营销学方面，我一直在探索，我此前出版的《出位之后：消费者利益和价值论视野下的市场营销》一书中构建了贯穿着"主体—客体—主体"哲学范式的营销理论的框架体系，在该书中揭示了西方品牌理论的哲学范式和社会主义核心价值观下的品牌理论。管理学方面，海尔人单合一的管理模式树立了一个"主体—客体—主体"为哲学核心的管理理论标杆。三是社会主义核心价值观下的理性消费观的建设。法治建设是重要解决途径，要由社会主义核心价值观来统率。四是加强社会组织建设，群众自我规范消除非理性消费，如红白喜事理事会、业主委员会、家长理事会等组织的建设。五是完善广告监管制度及消费者评议制度，对品牌传播进行监督、评议。

三、社会主义核心价值观下的消费品牌化是抵制消费主义的有效途径

无论哪种形式的消费主义，都与消费品牌化相关，都需要品牌理论来支撑。西方现代品牌理论与消费主义内在一致，是消费主义在理论上的重要表现形式和实践中的理论支撑。消费主义、享乐主义借助商品符号化，使广大消费者消费知名或认知度高的商品。但是，商品符号化的消费不一定是消费主义，合理消费同样需要借助商品符号化的形式。

第四章 马克思主义哲学交往实践观下的品牌观(下)

社会主义核心价值观下,我们需要用消费品牌化抵制消费主义。

传统营销在中国的实践形成两条路径:一是品牌驱动;一是渠道驱动。2004年,陈春花提出中国营销"渠道驱动优于品牌驱动",得到大众认可。而刘春雄、金焕民在《中国式营销》一书中论证并总结了中国式营销是以做渠道为主,这是移动互联网没有出现或作用有限时的必然选择。刘春雄在《新营销》一书中认为:在移动互联网及微信、小程序等出现的情况下,为企业做品牌提供了低成本的工具。应当说,信息技术的发展,移动互联网和线上线下社群的出现,为企业低成本做品牌提供了现实的条件。

在我国,消费品牌化在基本原则上不能与法治建设、社会主义核心价值观建设背道而驰,只能是社会主义核心价值观统率下的消费品牌化——体现于品牌概念中。贯穿社会主义核心价值观的哲学范式毫无疑问是"主体—客体—主体"范式的。

用社会主义核心价值观下的消费品牌化抵制消费主义的新路径的主要内容有两点。第一点,摈弃虚假的需要。用品牌符号来表达仁义道德,把少数人的欲望当作全社会的欲望,必须摈弃。把少数人的消费(社会)价值观作为多数人的消费(社会)价值观,必须摈弃。第二点,用社会主义核心价值观来统率消费品牌化。在实现新路径的时机和内容上,刘永炬在《推广》一书给出了答案。商品的生命周期的不同阶段,推广的时机和内容有所差异,如表4-1所示。在实现新路径的传播途径上,移动互联网等新传播工具为我们进行品牌传播提供了更高效便捷的手段,传播形式发生了变化。

表 4-1 商品在不同生命周期阶段的推广时机与内容

商品的生命周期	推广与销售的配合
导入期	推广以启发需求为主,重在商品概念。如果启发需求时间长,要通过销售终端教育达成购买,推广力度要大于销售力度
上升期	推广以启发需求和告知品牌为主,重在商品概念,但要加大告知品牌力度,销售要配合推广以达到目的
成长期	提出品牌概念并强势推广,利用经销商抢夺市场份额,销售力度大于推广力度
成熟期	品牌概念下的产品概念、卖点的推广,推广与销售的力度要均衡

注:本表参考了刘永矩《推广》一书中相关图表的内容。

本书在第一章中揭示了西方品牌理论是消费主义在理论上的支撑和表现,西方现代主义品牌理论是消费社会下激发人的欲望(非基本需求——自我实现、非理性,与生存、安全需要不同,马斯洛需求理论是其基础理论之一)的理论,我们能不能照搬?当然不能。拿来直接套用是会出问题的,但我国的企业在实践中发现问题会探索并解决的,海尔在这个问题上就表现得非常睿智,为中国企业树立了标杆,是社会主义核心价值观下的品牌化的典范。传统老字号尤其是中医药老字号在处理义利关系上也很智慧,为我们留下了许多宝贵的精神财富。

第二节 社会主义核心价值观下的品牌示范：中医哲学与中医药企业品牌文化建设

传统中医文化以中医哲学为内在灵魂。当代中医药企业品牌文化建设是否继续坚持以中医哲学为内核，是需要回答的问题。

本节揭示出中医哲学是以主客统一为主导，非直接对抗的主客两分为表现且以中药及中医六技为客体纽带的主体际范式，即强调统一融合的"主体—客体—主体"范式。这一范式与科学发展观、社会主义核心价值观具有内在一致性。无疑，当代中医药企业品牌文化建设受到社会主义核心价值观的统领，从而得出以中医哲学为核心的蔚为壮观的中医文化为中医药企业品牌文化建设提供了深厚的历史资源和社会现实基础，仍然是构建当代中医药品牌文化（商业文化)的内在灵魂。

　　进行中医药品牌文化建设继承和弘扬中医文化,既是振兴中医药事业的需要,也是弘扬优良中医药精神的需要。通过本节内容的阐述,我们把中医哲学对当代商业文化构建、对当代中医药企业品牌文化建设与践行社会主义核心价值观的内在联系揭示出来,回答了中医药企业品牌文化建设遵循的方向性问题。

一、马克思主义哲学交往实践观与传统中医哲学范式

　　振兴中医药事业是中华民族的一件大事,而中医药文化(包含中医药企业品牌文化)建设则是振兴中医药事业的内核。这一内核贯穿着怎样的哲学范式,一直是当代诸多关心中医药事业的人士倾心思考的问题,但目前为止尚没有令人信服的结论,对当代中医药企业品牌文化建设形不成统领。从马克思主义哲学交往实践观的立场来看中医哲学,二者具有内在一致的哲学范式。

　　马克思主义哲学交往实践观。"所谓交往实践,是指多极主体间通过改造或变革相互联系的中介客体的而结成社会关系的物质活动。交往实践认为,人类实践结构由'主体—客体—主体'三体构成,它贯穿着'主体—客体'与主体际双重关系。在这里,'中介客体'向多极主体开放,与多极主体同时构成'主体—客体'关系。作为异质主体的主体际关系是建立在'主体—客体'关系上的,通过'中介客体'而相关和交往,并相互建立为主体的关系。以往,对马克思主义哲学交往实践观的理解,将之归结为'主体—客体'两极模

第四章 马克思主义哲学交往实践观下的品牌观（下）

式，忽视了主体际关系和多极主体的存在；而后现代主义在解构'主体—客体'二分结构、强调主体际存在的同时，又从根本上否定了客体底版的存在。因此，交往实践是对传统实践观和后现代实践观的双重扬弃和超越，是对时代精神的反映。"理论上，马克思主义哲学交往实践观当然也应该是构建当代中医药文化的内在范式。这里需要特别强调的是，"主体—客体—主体"下的主体是心物一体的主体，不是心物两分的，人不是客体；而"主体—客体"关系下的主体具有心物两分的特征。

当然，祖先留下来的中医哲学是否具有与马克思主义哲学交往实践观一致的内在哲学范式是需要探讨的。下面，我们从交往实践唯物主义视角出发，通过哲学范式分析的方法揭示中医哲学的内在哲学范式。

作为中医药文化的灵魂，中医哲学无疑将与主流意识形态形成合力，对当代中医药品牌文化的形成起到有力的促进作用。

从交往实践观看中医哲学，中医哲学具有如下的特征。

人与天地相参，就是人体气血的运行与天地之气运行同步，依据《黄帝内经》上的理论，这种同步和统一主要表现在两个方面：一是人体的生理过程随自然界的运动和自然条件的变更而发生相应变化；二是人体与自然界有共同规律，人体与自然界不仅共同受阴阳五行法则的制约，而且在许多具体的运动规律上也有相对应的关系。天地之气运行以阴阳五行、八卦、十干、十二支、二十四节气等象理论形式表述，人体气血的运行亦如此。人作为社会的主体，不仅是身心合一的，而且是自然规律的产物。简言之，人与天地相参，就是人与自然相统一。

《黄帝内经》中的天人两分思想。"《黄帝内经》在一定程度上体察到，人掌握了客观世界的规律，就能改造和奴役自然，从自然获得无穷的好处。"如《素问·阴阳应象大论》："之知则强，不知则弱……愚者不足，智者有余。有余则耳目聪明，身体轻强，老者复壮，壮者益治。"意即人有了保健的知识，就可以使身体强壮，推迟衰老的到来。再如《灵枢·五乱篇》中"有道以来，有道以去"的思想。有发生的规律，就有消除的法则。"在某种意义上，为人们一定能够战胜自然提供了理论根据。"《黄帝内经》还有对人体脏腑的描述，《灵枢·经水篇》对人体内外部做了描述，《灵枢·肠胃篇》则具体描述了人体的消化道系统。"夫脉者，血之府也"，就是解剖帮助下获得的见解。

中药作为人化客体。中药的认识和应用就是人们求解疾病问题而长期实践经验积累的结果。在这个过程中，中药逐渐从自然界中被分化出来，中药作为人化客体是人在劳动实践中的创造之物，经过采集、处理、炮制等诸多工艺的劳动创造之物。人不仅与自然之天融合，人还与人化客体之物融合，共同体现于中医诊治全过程。主体（患者）的客体（中药）化过程，有明确的理论——藏象学说、经络学说、五行方剂理论；中药（客体）的主体（患者）化过程，也有明确的理论——药物偏性和药物归经。以中药为客体的创造物，在人与天地相参下给患者带来了福音，为中华民族的繁衍生息提供了保障，同时也为中医从业人员带来了生存和发展的保障。把人化产物的中药与自然之物分开是不违背天人相参的基本思想的。

第四章　马克思主义哲学交往实践观下的品牌观（下）

中医六技作为中介客体。中医的针、灸、推拿、按摩、拔罐、汤药处方配伍是中医用于解除人体疾病的必要手段，即所谓一针二灸三汤药。而且，中医六技常常配合使用才能起到最佳疗效。中医六技是医家对患者进行医治的手段，其产生和发展的历史悠久。

戾气、病毒作为客体的存在。戾气、病毒作为主体之外的入侵者，一定条件下会打破人体的机体内部的平衡，对主体产生副作用，甚至导致传染性的危害，是人类需要征服的对象。

超越等差关系倾向的主体际。疾病是人与生俱来的头等大事，中医诊治把对人的健康需要和对人的研究放在天人关系理论的中心地位。医者就是射箭的人，患者是将心串起来的人，医者的箭针对的是患者的心。中医认为，病人为本，医生为标。"标本相得，其气乃服"，明确表明了两者的关系是主体际。中医对人的理解是身心一体的，不是两分的，中医治人不是治病。中医在对患者诊治的过程和诊治情景中，把患者视为和自己一样的人。

传统中医哲学与墨家的主张一致。任平在其专著《交往实践与主体际》一书中肯定了墨家的"兼相爱""交相利"是小手工业商户的要求，是商业文明的主张。这与中医药业的商品性质具有一致性。墨家的这些主张包含着对中医药从业者的要求，中医药从业者也继承了墨家的这些主张，虽然墨家在西汉时期罢黜百家之后衰落，但其精神实质被中医群体继承，墨家的主张通过中医药业得以传承，这是医患关系超越等差主体际的思想源头。

直接对抗的主客两分的非主流地位。中医历史上主客两分的医学理论和实践也是存在的。扁鹊学派是外科领域的典型，作为这一学派

191

品牌理论与哲学范式：交往实践唯物主义及哲学比较视阈

继承者的华佗则被誉为"外科鼻祖"。东晋的葛洪炼丹实验及"以毒攻毒"的思想为中医提供了许多特效治疗药物与治疗技术。在天人相参的大前提下，中国古代医家自觉或不自觉地在运用主客两分完善和发展中医，这是解决当时实践中面临问题的需要。由于科技条件的限制，古时候尚不能很好解决止痛、失血、感染等问题，外科手术的风险很大，所以，中医注重发展针刺和中医内科手段。两汉及其后，中医汤剂配伍逐渐成为主流。另一方面，古时候的医家的平等意识与帝王统治者的等差观念相左，重农抑商的封建政治经济环境对扁鹊学派的发展是不利的。至宋明理学统治时期，儒医结合，天下学术如不屈身附之，难有立足之地。这些因素导致了中医理论中主客两分，表现为：主体（身心合一）与中药通过同构形成的主客统一体，通过培扶正气与侵入体内邪气（病毒、细菌等客体）做斗争，符合阴阳五行又不否定主客对立，是一种极高明的智慧。其治疗机理不是直接杀死病菌，而是通过扶阳、滋阴、疏通气血或壮大主体自身的营卫实力或消除邪气的生存条件，釜底抽薪。这是中医的思维和方法，是包含了主客两分的主客统一。中医理论中主客两分表现为非直接对抗性。这是中医实践在特定环境下发展出的思想，根本上并不排斥"主客两分"。

中医诊治及中医药业具有小商品经济的特征。中国古代尽管以农耕为主要经济特征，尽管长期实行重农抑商的政策，但医生不同于农民，从来不是被束缚在土地上的农民阶层；也不同于随时会被严厉政策扼杀的直接从事交易的商人。中医运用掌握的先进知识通过运用中医六技不分阶层地为患者服务，即便在宗族统治的社会基层，中医也处于受人尊敬或为人所求的有影响力的地位。除了少数"官医"外的绝大多数民间中医具有较大的自由度,具有自由民的身份和自由小商人的特点。中医的服务存在于诊治的全过程。不仅体现于通过四诊对疾病定位,而且体现于对医治手段的定位、中医六技的组合运用,汤药的运用还要考虑方剂的定位。中医的服务,不仅伴随着主体(患者)客体(中药)化过程、中药(客体)的主体(患者)化过程,而且同时融入着主体际(医、患)沟通、体察全过程。这使医生能以自己的医术,通过对患者医治服务来获得收入,带有商品交换的性质。中医药业无论在中国奴隶制社会还是封建社会都是特殊的行业,中医是具有商人特点的特殊职业者。中药的采集、炮制也存在分工,中医行医者不能全部采集所需的中药材。这种自然的分工必然要进行商品交换,尤其是一些中药具有原产地特征,必须要通过交易才能获得。

总之,从交往实践观看,传统中医哲学具有"主体—客体—主体"的哲学范式。上面的几点可以总结为:①主客统一(含合一),主体是身心合一的主体;②平等关系倾向的主体际;③中医六技为医患(主体际)关系的客体纽带;④主客两分的非直接对抗性(不否定直接对抗);⑤中医药业具有商品交换的特征。所以,中医哲学符合马克思主义哲学交往实践观的哲学范式特征,具有内在一致性。

传统中医哲学对构建当代中医药企业的商业文化、品牌文化的影响力是不容忽视的。揭示中医哲学内在的哲学范式,可以回答中医哲学为核心的中医文化对当代中医药企业品牌文化建设的意义。

二、当代中医药企业品牌文化建设应具备的内在哲学范式

包含品牌文化在内的商业文化作为大众文化的组成部分，具有承载和体现意识形态的功能，即当代商业文化（品牌文化）成为科学发展观、社会主义核心价值观的转化途径。构建当代商业文化（品牌文化），作为当代中国主流意识形态直接体现的科学发展观和社会主义核心价值观必然要发挥导向作用。

科学发展观和社会主义核心价值观是构建当代商业文化的内在灵魂，而科学发展观及社会主义核心价值观具有交往实践的内在关系范式。

科学发展观，第一要务是发展，核心是以人为本，基本要求是全面协调可持续，根本方法是统筹兼顾。

归根结底，科学发展观体现着"主体—客体—主体"的哲学范式，即交往实践唯物主义的哲学范式。交往实践唯物主义是科学发展观的灵魂，科学发展观是交往实践唯物主义的深化、扩展。

社会主义核心价值观坚持以人为本。强调以人为本并不否定运用科技创造先进的人造之物满足生产和消费的需要，而是要充分调动全体人民在竞合中大力创新，推进可持续发展。故而，社会主义核心价值观体现着"主体—客体—主体"的哲学范式，即交往实践唯物主义的哲学范式。

科学发展观和社会主义核心价值观都体现着"主体—客体—主体"的关系范式，即交往实践唯物主义的哲学范式，这决定了当代中医药企业品牌文化建设必然受到"主体—客体—主体"哲学范式的统领。而中医哲学的内在范式与主流意识形态内在范式的一致性，表明中医哲学及中医文化、主流意识形态可以形成合力，共同促进当代中医药企业品牌文化的建设。

三、中医哲学可以为构建当代中医药企业品牌文化建设提供思想资源

中医哲学具有"主体—客体—主体"的哲学范式倾向，当代中医药企业品牌文化受"主体—客体—主体"的哲学范式统领。二者之间有着天然的内在的契合。中医文化与当代中医药企业品牌文化之间的内在关联表现为以下几点。

1. 中医文化具有平等主体际倾向。当代中医药企业品牌文化以平等主体际关系为本质。

2. 中医文化强调身心合一。当代中医药企业品牌文化克服身心两分是任务。

3. 中医文化强调人与自然合一。当代中医药企业品牌文化追求环保、人与自然和谐共生。

4. 中医文化中孜孜以求的是通过科技进步实现对人的健康庇护。当代中医药企业品牌文化倍加重视科技进步的意义，并且不把科技进步当作驾驭他人的工具，而是当作为社会、为他人造福的途径。

5. 中医文化史中贯穿着诚信为本的价值观。当代中医药企业品牌文化把诚信当作基本的价值理念。

弘扬中医哲学、弘扬中医药事业对构建当代中医药企业品牌文化的作用有两点，如下所述。

1. 吸收中医文化的精髓、弘扬中医文化和中医药事业有利于与主流意识形态一道形成合力，促进当代中医药企业品牌文化的构建。

2. 中医药业本身也是依照市场经济规律办事。中医药业可成为构建当代中医药企业品牌文化的典范。北京鹤年堂、北京同仁堂、苏州雷允上、广药陈李济等老字号都是重视商业道德的典范，为当代中医药企业品牌文化构建树立了标杆。

当然，传统中医哲学与交往实践观在哲学范式上相比较，前者尚有其不足之处，即"主体—客体"直接对抗的不足，需要吸收西方医学优秀成果加以补充。

四、洛阳正骨：品牌文化传承中医哲学

洛阳正骨源于洛阳孟津平乐郭氏。郭氏第一代在清朝嘉庆年间学得正骨绝技和秘方。清末，郭氏第三代传人郭贯田开始发扬光大。郭贯田造就平乐正骨显赫名声的秘密，除了正骨绝技，从不把病者当作挣钱工具则是另一秘诀。

"他在白家大槐树上挂了个人筐子，穷人拿点粮米、花生什么的，随便往里一放就行；什么也没有拿，在门前小吃摊上买两根油条或馒

第四章 马克思主义哲学交往实践观下的品牌观（下）

头放进去也行。没有人监督他们放还是没放，放不放都给看病。有钱人买点像样的礼物，也和穷人一样，往筐里一放就行了。实在没钱没东西的，病好后，到地里干几天活，或者伺候几天别的病人也行。对于那些花生、油条之类的东西，郭家也不那么当真，病人在这时间长了，饿了拿些充饥，郭家也不管不问……郭家把礼品挑出来，放到小卖部出售，使礼品有了货币的性质。郭家不收钱，只看病，医生和患者之间的关系处理的非常融洽。"

那么，郭家是怎么盈利的呢？"穷人一般是乡里乡亲的，感恩郭家，郭家正骨的名声在他们嘴里传播的越来越远。慕名而来看病的，一般不会是太穷的人家，几乎是在其本地无法解决的疑难大病，都是冲着平乐正骨这个品牌来的，所以会在小卖部多买些东西，存心报答一下。这种穷人看病、富人拿钱的"医疗体制"显得很和谐、很人性，也很智慧。那些没钱看病的穷人，见郭家一点也不歧视他们，病好离开时，无不感动的声泪俱下，见人就会传播。仁风膏雨、洁古家风、和暖遗风……尽是褒扬之声。到平乐来看病的人也就越来越多。"

郭贯田从人道主义出发，对子女要求很严，他们实行仁德仁术，从不看中金钱，所以，方圆左近没有骨伤病人。这种既重视秘方绝技之仁术，又不以把人当作挣钱工具的行为，正是中医哲学的精髓。

中华人民共和国成立以后，郭氏第五代传人高云峰（女）及其儿子郭氏第六代传人郭维淮将正骨秘方献给国家，在政府大力支持下创办了洛阳正骨医院、洛阳正骨研究所，在不断创新中坚持平乐正骨的传统绝活。手法复位，避免了西医手术切开复位；破、和、补三期用药原则，使用中药活血化瘀，经络通畅，不留后遗症。继承和体现着仁德仁术。

洛阳正骨医院加强文化建设，把"减轻患者病痛为己任，以患者满意为目标"作为自己的宗旨，把"传承创新，弘扬正骨医术，关爱生命，创造健康人生"作为使命，把"关爱、卓越、健康、和谐"作为医院精神，把"正骨人，人正骨正，医患情，情真心真"作为核心价值观，对医院的发展起到了巨大的推动作用。应当说，这既继承了中医哲学精髓又与社会主义核心价值观相一致。

第三节 社会主义核心价值观下的品牌示范：海尔『人单合一』的管理哲学与品牌核心理论

一、贯穿于"人单合一"管理模式的哲学范式

海尔，这家企业我还是比较关注的，2007年，我开始写专著《出位之后：消费者利益和价值论视野下的市场营销》时，专门收集资料对当时的海尔管理创新进行了学习和研究。一晃十多年过去了，期间根据一些报道了解其创新进展。近些年，我因为受研究管理学的一些朋友的影响，激发起了想了解海尔管理哲学范式的欲望，于是对近几年研究海尔管理的专著进行了学习。发现多数专著对"人单合一"管理模式写的不是太清晰，深度不够；对海尔管理哲学是什

么，也存在争论。

　　例如，林赛在《商儒张瑞敏》一书中分别从道、儒、释、兵家角度分析海尔的管理哲学；曹仰锋在《海尔转型：人人都是CEO》一书中将海尔"人单合一"的经营哲学总结为经营人，并归结为双创文化（创新、创业）；彭剑锋和云鹏所著的《海尔能否重生：人与组织关系的颠覆与重构》及彭贺等人所著的《张端敏：自以为非》等书提出海尔的管理哲学是"人是目的，而不是手段"；王钦在《人单合一管理学——新工业革命背景下的海尔转型》一书中提出"人单合一"就是海尔的管理哲学，他以一分为三（存在论、认识论、价值论）的提法为哲学依据。我认为，这些归纳还不够彻底，需要从哲学范式这一根本上揭示海尔的管理哲学。

　　虽然我不赞同《海尔转型：人人都是CEO》这本书中对海尔管理哲学所做的归纳，但该书把"人单合一"的管理机制讲透了，令我很佩服。本节结合该书具体分析海尔的"人单合一"管理模式的基本哲学范式。

　　海尔的"人单合一"双赢管理模式分为三个基本层次，九大核心要素。第一层次为运营体系，包括四大核心要素，即顾客价值、自主经营体、日清体系、人单酬。第二层次为支持平台和运营环境，主要包括四大核心要素，即全员式管理会计、交互与协同平台、管理无领导、两创文化。第三层次是经营哲学，包括一个核心要素，即经营人。

（一）运营体系

　　运营体系是海尔的"人单合一"管理模式的核心，我们首先看

第四章 马克思主义哲学交往实践观下的品牌观(下)

看这个核心层次的四大核心要素贯穿着什么样的哲学范式。

1. 海尔集团战略目标的核心是识别并满足顾客价值。为实现之,海尔提出与顾客共创价值,"顾客价值"这个概念怎么理解?

不同哲学范式下,会有不同理解。

一种是"主体—客体"哲学范式。特征是单一主体,其余皆为客体,客体是主体统治和控制、利用的对象。此范式下,所谓与顾客共创价值是视顾客为手段、为前提的共创而已。

一种是主体际哲学范式。主体间欲望型意义的沟通、传播是随着场景变换而变化的,不一定是真实的。这种没有商品纽带联结的主体际,是反抗西方现代主义"主体—客体"范式的哲学及现实而产生的空想主义。

一种是"主体—客体—主体"的哲学范式,特征是多主体共存,人不是客体,客体是以人造物为中介的社会客体。这种范式下,与顾客共创价值,就是以商品作为纽带,把产用双方关系建立起来,形成主体际关系的共创。在这种范式下,消费者才是真正意义上的主体。

3种顾客共创价值意义是不同的。顾客共创价值这个概念包含什么样的哲学范式,或者说用什么样的哲学范式来界定这个概念,内涵与外延会有根本的差异。只从顾客价值这个概念无法理解其包含的哲学意义,必须联系"单"这个概念。

从"单"的特征看"单"的概念贯穿的哲学范式,"单"被理解为有价值的目标,其特征如下所述。

(1) 顾客是"单"的主人。无论是按"从上往下"的机制形成目标的管理理论,还是按"上下互动"机制制定目标的管理理论(上下级共同制定，最终回归于领导驱动），本质上都是领导驱动机制。"单"是由企业内部人自己制定出来的，不是目标真正的主人。

（2）"单"必须是超值的。所谓"超值"，就是实现"首选、引领、强黏度"的产品价值主张。按单取酬是实现超值的保证机制。传统上，用超额完成任务和目标引领目标数值来实现"超值"，是以企业为中心的思维。海尔按单取酬则实现了从企业为中心思考到顾客为中心思考的转变。

（3）"单"的同一性。传统目标管理是目标数值的同一，不注重"单"的质量的同一。海尔"人单合一"双赢管理模式中，海尔将"单"质量的同一性和顾客的需求和价值关联起来，将企业目标与个人目标融合起来。自主经营体是实现这种同一性的保障。"顾客需求—自主经营体—企业"，三者内在同一。

（4）"单"必须是锁定的。"单"来源于顾客，是不能随意变化的，锁"单"找人是海尔的策略。即把"单"锁住，然后在全世界范围内寻找能完成"单"的高人。

（5）"单"是一个系统。目标、机制、团队构成系统的重要因素。"举高单、找高人"，完成"单"的机制和资源构成一个开放性的系统。

我们可以从"单"的以上特征归纳出其必须具备的三要素：以顾客为中心；顾客、自主经营体、企业是互利共赢的主体；重质量，实现以自主经营体、人单酬为基本要素的运行机制。总之，"单"的概念体现了以商品为纽带的主体际关系。"单"在实体上又是商品，是中介客体。以"单"为纽带的主体际关系可以实现与顾客共创价值的目标，体现着"主体—客体—主体"的哲学范式。

第四章　马克思主义哲学交往实践观下的品牌观（下）

明白了"单"的概念，再看顾客价值。顾客价值是以顾客（单）为中心目的，而不是中心手段，是利益共同体的共同追求目标。所以，顾客价值只能是"主体—客体—主体"哲学范式下的概念。

2. 我们进一步从自主经营体来分析。

自主经营体是以创造并满足顾客需求为目标，以相互承诺的契约关系为纽带，以共创价值、共享价值为导向的自组织。所谓自组织，指不存在外部指令，系统按相互默契的某种规则，各尽其责而又协调地自动地形成有序结构的组织。自主经营体拥有用人权、分配权和决策权，这是成为自组织的内因。自主经营体有三大类：一线经营体、平台经营体和战略经营体。各个自主经营体之间依靠契约方式实现协同。

自主经营体组建采取抢"单"进人、先"单"后人的原则，有5个步骤：确定第一竞争力目标；确定自主经营体规模和职责，由平台经营体中的人力资源、财务和战略等经营体组织实施；筛选自主经营体体长，通过抢"单"完成；确定自主经营体成员，通过抢"单"完成；签订自主经营体目标合同承诺书。

顾客驱动的倒逼机制是保障自主经营体良性运转的核心机制，具体做法是：基于顾客个性化需求设计一系列挑战性的目标，作为各个自主经营体的考核标准（由各个自主经营体竞争而来）。通过顾客评价倒逼一线经营体，通过一线经营体评价二级平台经营体，直至三级战略经营体。

全员契约机制。"单"是契约关系的载体，自主经营体和个体"举单上岗"。"单"源于顾客需求，而不是上级领导。

"官兵互选"。自主经营体的体长和成员不是上级任命的，而是通过"官兵互选"机制筛选和优化团队而来的。

由于顾客被赋权，使评价、监督和资源分配权由顾客驱动、由市场决定，所以，顾客成为主体。由于下级自主经营体可对上级自主经营体绩效予以评价并决定其报酬，所以，各级及各个自主经营体都是主体。各级及各个自主经营体又是围绕满足顾客需求的商品及服务——中介客体来进行运作的，这样正体现了"主体—客体—主体"的关系。

3. 我们再从日清体系来分析。

日清体系的核心是全面预算管理，本质是执行。日清体系的含义是全方位地对每个人每天做的每件事进行清理和改进，清理出问题背后的原因，找到解决方法，实现业绩提升和战略的达成。日事日毕，日清日高，是日清管理法的概括。

海尔的日清管理体系是"人单合一"管理模式中的执行力系统，各级及各个自主经营体每天都要做的。每周周六，海尔集团有高级经理人的日清会，清体系、清战略和清理念，参与者为各级及各个自主经营体的代表。领导率先，这是整个海尔日清体系的发动机。海尔的日清体系是"主体—客体—主体"范式下的执行力体系。一些企业引入此法，管理者不带头日清，而把日清管理当成了控制员工的工具。两者是完全不同的。

4. 我们再从人"单"酬来分析。

以"单"为基础的报酬体系，以"单"计酬将员工薪酬和为顾客创造的价值合一，即人"单"酬合一，实际上就是主体（员工、自主经营体）—客体（商品、服务）—顾客（主体）三者的统一。

它克服了职位酬与能力酬的弊端。曹仰锋用两个标准（一是对员工的激励程度，二是对顾客价值的满足）比较3种薪酬方式产生的激励效果。职位酬的内在逻辑是先独立评价职位的价值，然后再找合适的人来匹配，薪酬固定，目标源于上级，受上级监管评价，属被管理对象，个体主体地位无以确立。能力酬，依据职称评定，假定职称与绩效成正比。事实上，这个假定是有问题的。人才短缺情况下，能力酬或许可以起到一定激励作用，否则未必。而且，职称低者未必贡献小。人"单"酬中，无论自主经营体还是单独的个体，都需明确自己的顾客，把顾客的需求转化成自己的"单"，然后根据"单"的完成情况拿到自己的薪酬。各自主经营体、个体之间的关系是契约关系，没有职位层级，是一种平等关系，相互服务和增值，且用人"单"酬账户和关差（关闭现状与目标的差距）两个工具来保证主体地位的确立和责权利的实现。

显然，职位酬和能力酬具有"主体—客体"特征，而人"单"酬中"我的薪酬我做主"则体现了主体际关系。

从海尔的"人单合一"管理模式下的第一层次——运营体系的4个概念及内在关系上看，内在地否定了"单一主体—客体"的关系，同时也不是仅强调主体际关系。而正是在否定"主体—客体"为核心范式的管理理论和管理模式基础上，构建起了贯穿"主体—客体—主体"哲学范式的管理理论核心框架。

（二）支持平台和运营环境

海尔的"人单合一"管理模式的第二层次为支持平台和运营环

境，如前所述，主要包括四大要素。我们首先来看四大要素中的交互与协同平台，它指以顾客和员工为中心的交互与协同平台。这是顾客与员工、企业与员工、企业与顾客（包含供方）联结的纽带，包括：以顾客为主的虚实交互平台、开放式创新平台和供应链信息平台，以员工为主的电子损益表、电子人"单"酬表和信息化日清平台。

将信息化技术与业务流程融合于一体，使运用信息化技术的实体成为自主经营体之间互动的纽带，成为海尔将财务系统职能融入业务流程中建立基于流程和作业的全员式的管理会计体系。全员式管理会计系统为自主经营体、小微企业提供从价值核算、价值创造到价值分配的全流程服务平台服务，同时融入自主经营体和小微企业中。

海尔的"人单合一"管理模式的支持平台和运营环境中还有"两创文化为自主经营体提供软实力""管理无领导帮小微企业培养创业型领导者"等系统对各级及各个自主经营体的支持。

（三）经营哲学

海尔的"人单合一"管理模式的第三层次是经营哲学。

《海尔转型：人人都是CEO》一书中，作者将海尔的"人单合一"管理模式的经营哲学归结为经营人，并且归纳出5个原则：自己成就自己、消除人的惰性、人才开放、能本管理、集体创业家平台。归纳到这个程度非常不容易，但经营人的概念的内涵是什么，作者没进一步归纳，经营人这个概念没有体现出主体际关系，虽然该书作者认同陈明哲的归纳。

第四章 马克思主义哲学交往实践观下的品牌观(下)

陈明哲认为海尔是正构建集体创业家提供增值服务的平台型企业,这的确道出了海尔的部分特质,但不是全部。我认为,陈明哲道出了其中的多主体并存这一特征。因为网络形组织机制(消除了金字塔形组织的组织机制)使内部员工之间、员工与外部顾客之间都成为主体际关系,自主经营体是基本主体,基于自主经营体的核算机制、人单酬机制保障了自主经营体的主体地位。同时,网络形组织机制搭建了微创业平台,使每个自主经营体、每个人通过平台做纽带,合作共赢。这个平台就是确保主体间关系的中介客体。

将经营人进一步归结为打造自主创业平台、践行创业创新文化上,即管理的根本理念放在了"双创"上。"双创"既是海尔管理机制的效能体现,又是管理机制变革的前提,属行为层面的动态文化,是核心层面的文化——哲学范式的具体表现。也就是说,"双创"文化是遵循特定的文化范式的,特定文化范式是贯穿其中的。特定文化范式没揭示出来,"双创"就只是亚层次的总结。

综上所述,海尔的"人单合一"管理哲学贯穿着"主体—客体—主体"的哲学范式,理由如下所述。

①人:指多主体的"人",主体可以是员工,也可以是自主经营体、小微企业。

②"单"既是目标,也是企业运行中要实现的实体商品及服务。"单"作为实体,具有中介性质,是多主体之间联结的纽带,因为要打造中介商品而将多极主体组织起来,完成共同为消费者服务的目的。

"人单合一"管理模式已为海尔集团实践所证实,这一模式可以确立员工的主体地位、可以确立顾客的主体地位，使顾客真正成为中心目的，而不是中心手段，是"主体—客体—主体"哲学范式在企业管理中具体实践的解决方案。这一模式贯穿着"主体—客体—主体"哲学范式，同时又是"主体—客体—主体"哲学范式的具体化。人的行为是制度和机制下的产物，不同的制度和机制诱导不同的行为，而制度和机制贯穿着一个社会的主导价值观和哲学范式，这在海尔集团得到体现。

二、海尔人对品牌实质的深刻领会中贯穿着"主体—客体—主体"的哲学范式

艾丰通过海尔的三句话，对海尔理解的品牌有过总结，详见艾丰所著的《悟道海尔——对海尔名牌战略的理解和分析》一文。

"第一句话，'真诚到永远'。对谁真诚到永远？对消费者。对消费者真诚到永远换取的是什么？换取的是消费者对海尔的信任和喜爱。不是一时的信任和喜爱，而是永远的信任和喜爱。这就抓住了名牌最基本的实质，就是企业和消费者的关系。这不是一般的关系，而是以心换心的关系，是由于企业对消费者永远不变的真诚换来的消费者对企业真诚的、持久的、广泛的信任和喜爱的关系。"

消费者和企业之间是什么样的关系？在单一主体的"主体—客体"关系下，企业和消费者无论谁是主体，另一方必是被左右、被愚弄的客体。这种范式是否存在以心换心？消费者能否永远信任和喜爱？显然是不可能的。所以，真诚到永远在"主体—客体"哲学

第四章 马克思主义哲学交往实践观下的品牌观(下)

范式下是无法实现的。

真诚到永远的企业与消费者的关系只能是主体际关系。我们知道,后现代主义品牌理论中主体际之间是意义的沟通,品牌是这个意义的符号,其意义是飘忽不定的,会根据情景的变化和消费者的理解而改变的(如某品牌饮料在餐饮场所与商场、超市的不同情景下,其意义也是不同的),不是中介客体。而在海尔的运作机制中,这个主体际关系是由"单"这一中介客体作为纽带联结的,不是无客体底版的单纯主体际关系。

"第二句,'追求卓越'。即'要干就要争第一'……这句话揭示了名牌包含的第二层次的关系,就是企业和企业之间的关系,特别是和同行企业之间的关系。"这个关系就是同行业企业间的竞争关系。这个竞争中的第一,不是靠炒作,不是靠不正当竞争,也不是把行业第一变为行业唯一、妄图消灭一切竞争者,而是竞合,实现多赢。这正是把企业间关系视为主体际关系的体现。

"第三句话,'先造势,后谋利'。这是海尔实施名牌战略中的一个重要原则……势者,态势也。态势者,状态和走势也,其实质也是一种关系。不仅是呈现的关系,而且呈现着关系变化的趋势。自身的状态、自身的位置会形成一种势,外界的评价也会形成一种势。"无形之势可以生成有,即无形之势转化为有形之利,是名与实的关系。先造势,后谋利。有了势,利就是水到渠成的了。造势与谋利,正体现了无形之势与有形之势、实与名的关系。

制造出符合目标消费者要求的商品,是从无形到有形的过程;推广商品和品牌被目标消费者认可并在目标消费者带动下形成销售之势，是从有形到无形的过程。品牌所承载的意义及实体商品的支撑，使消费者对商品和企业产生信任。上述过程的前一过程是造实的过程，即实实在在做的过程；后一过程是造名的过程，名是归宿。实与名的变换、有形与无形的转换是同一过程。这一过程中，造实就是消费者主体利益和消费价值观的客体化过程，由企业主体依据顾客要求、参照竞争态势，通过设计、制造来实现；造名是商品客体的消费者化（主体化）过程。这正是以客体（商品、品牌）为纽带的主体际关系（企业、消费者、竞争者）的辩证变换。

总之，上述关于海尔品牌实质的三大关系综合在一起，体现着"主体—客体—主体"的实体结构特征。海尔在实操中坚持的"实至名归"的方针（实字领先，实实在在做；实要向名转化，名为主业经营的归宿）是海尔品牌理论的核心，正是"主体—客体—主体"哲学范式的体现。

三、海尔"人单合一"管理哲学与品牌核心思想

从哲学范式上看，贯穿着"人单合一"管理哲学的海尔管理模式与海尔品牌核心理论、品牌战略是内在一致的，都是"主体—客体—主体"哲学范式的体现。从二者关系上看，"人单合一"管理哲学及其管理机制必然产生上述海尔品牌的核心思想，成为海尔创世界品牌的根本保障。山东省政府调研组在《关于海尔集团创造世界品牌的调研报告》中对此二者关系有系统揭示，如下所述。

1. 技术创新是创立自主品牌的手段。以市场为中心，以市场化

手段来推动并建立起自主创新的内在机制,使海尔品牌在创新中提升品牌的内涵,保持旺盛的生机和活力。

以市场为中心推进技术创新。适应市场,市场需求就是技术开发的课题;开发个性化新产品创造新的市场;生产一代,研制一代,构思一代。

整合科技人才及资源,提升创新能力。聚集国内外优秀人才及资源共同推动研发工作是海尔不断提升创新能力、打造世界名牌的重要途径。海尔在内部引进技术消化吸收的同时,提高自主核心技术,为打造民族品牌提供支撑。在外部人才与资源整合上,通过建立海外研发中心等形式提升创新能力。

市场机制激发技术创新活力,型号经理制是实现形式。型号经理既要开发产品又要开发市场,把设计变成订单,其绩效与订单挂钩,有效地激发了技术人员的创新活力,为打造海尔品牌提供了强有力的内在动力。我们看到,海尔的技术创新及其机制是围绕着"单"、商品客体的研发进行的,是在夯实客体底版(包括品牌这一客体)这个基础的。

2. 质量过硬的产品和服务是增强竞争能力、打造品牌的关键。

海尔认为名牌产品的核心,一方面是产品的高质量,另一方面是卓越的服务,两者结合才能够不断地满足消费者的需求甚至以超出其预期的方式满足其需求。

建立和完善科学的质量管理模式,树立高水平质量管理目标。1985年,海尔推行全员质量管理;1989年,海尔实行"一次就做对"的全方位优化管理法;1992年,海尔通过了ISO9001质量管理体系认证；1998年，海尔实施了以市场链为纽带的业务流程再造，形成了SST闭环质量管理模式；2001年，海尔实行自主经营SBU，并配套推行以日清日高为基础的3E卡、人码物码订单码等电子化管理模式等。产品质量概念从一般的满足技术标准要求，逐步升华为对市场和用户的最大程度的适应性要求。

海尔加强技术基础工作，提高产品质量水平。积极引进、吸收欧美先进企业的技术标准，并转化为适用标准；积极加强标准的研究，参与行业标准的制订、修订工作。

海尔以感动用户的服务，诠释品牌的灵魂。在供大于求的市场激烈竞争中，服务是诠释品牌的重要途径。在服务理念上创造感动，"用户永远是对的、马上行动、真诚到永远、服务无边界"等理念逐一落到实处。在服务方式上，坚持星级服务规范，实行"送货、收款、安装、调试、回访"一站式服务。在服务功能上，服务人员既是调研员又是推广专员，以老顾客口碑带动潜力市场的开发。

无论是提高质量管理水平还是实施"感动服务"，海尔都是为实现"人单合一"提供机制和理念的支撑，同时保证品牌功能的实现。

3. 强化基础管理，建立市场化管理机制是创建世界品牌的保证。

海尔坚持精细化科学的管理，使员工主动把每件事做到位。海尔建立了信息化基础上的扁平化组织管理体系，不断增强对市场需求的快速反应和应变能力。海尔建立了以员工自我经营为基础的市场化经营管理机制，全面开启创新的"源头"活力。

个性需求要求差异化生产和营销，整个企业的生产能力、布局、组织结构都要适应它，围绕它运转。没有组织结构流程的改造，市场反应的要求没法反馈到终端。有了这个保障，再加上电子商务的基本要素——配送网络和品牌，才可能把海尔做得更好更强更大。这些仍然是为实现"人单合一"提供机制和理念的支撑，从而保证品牌效力的持续发挥。

总之，上述海尔创建世界品牌的三大方面的内容正是贯穿着"主体—客体—主体"的"人单合一"管理思想内在驱动的结果。

参考文献

[1] 任平.走向交往实践的唯物主义——马克思交往实践观的历史视域与当代意义[M].北京：人民出版社，2003.

[2] 科特勒，阿姆斯特朗.市场营销原理[M].13版.楼尊，译.北京：中国人民大学出版社，2010.

[3] 佩里.战略营销管理[M].李屹松，译.北京：中国财政经济出版社，2003.

[4] 戴维·阿克.管理品牌资产[M].吴进操，常小虹，译.北京：机械工业出版社，2012.

[5] 戴维·阿克.创建强势品牌[M].李兆丰，译.北京：机械工业出版社，2012.

[6] 戴维·阿克，埃里克·乔基姆赛勒.品牌领导[M].耿帅，译.北京：机械工业出版社，2012.

[7] 凯勒.战略品牌管理[M].3版.卢泰宏，吴水龙，译.北京：中国人民大学出版社，2009.

[8] 卡菲勒.战略性品牌管理[M].王建平，等译.北京：商务印书馆，2000.

[9] 林斯特龙.买[M].赵萌萌，译.北京：中国人民大学出版社，2009.

[10] 马丁·林斯特龙.感官品牌:隐藏在购买背后的感官秘密[M].赵萌萌,译.北京:中国财政经济出版社,2016.

[11] 林斯特龙.品牌洗脑:世界著名品牌只做不说的营销秘密[M].赵萌萌,译.北京:中信出版社,2013.

[12] 霍尔特.品牌如何成为偶像:文化式品牌塑造的原理[M].胡雍丰,孔辛,译.北京:商务印书馆,2010.

[13] 霍尔特,卡梅隆.文化战略:以创新的意识形态构建独特的文化品牌[M].汪凯,译.北京:商务印书馆,2013.

[14] 余保刚.消费主义与我国主流意识形态建设研究[M].北京:中国社会科学出版社,2017.

[15] 高文武,关胜侠.消费主义与消费生态化[M].武汉:武汉大学出版社,2011.

[16] 孙力,等.资本主义:在批判中演进的文明[M].上海:学林出版社,2005.

[17] 陶文昭.信息时代资本主义研究[M].北京:人民出版社,2009.

[18] 纪秋发.中国社会消费主义现象简析[M].北京:北京理工大学出版社,2015.

[19] 王宁.消费的欲望:中国城市消费文化的社会学解读[M].广州:南方日报出版社,2005.

[20] 黄迎新.整合营销传播理论批评与建构[M].北京:人民出版社,2012.

[21] 舒尔茨,田纳本,劳特朋.整合营销传播:谋霸21世纪市场竞争优势[M].吴怡国,等译.呼和浩特:内蒙古人民出版社,1998.

[22] 唐·舒尔茨,海蒂·舒尔茨.整合营销传播:创造企业价值的五大关键步骤[M].何西军,等译.北京:中国财政经济出版社,2005.

[23] 舒尔茨,等.唐·舒尔茨论品牌[M].高增安,赵红,译.北京:人民邮电出版社,2005.

[24] 邓肯,莫里亚蒂.品牌至尊:利用整合营销创造终极价值[M].廖宜怡,译.北京:华夏出版社,1999.

[25] 任平.交往实践与主体际[M].苏州:苏州大学出版社,1999.

[26] 舒咏平.品牌即信誉主体与信任主体的关系符号[J].品牌研究,2016(1):20-25.

[27] 曹泽洲.符号消费时代超常消费行为研究[M].北京:北京交通大学出版社,2015.

[28] 唐正东.当代资本主义新变化的批判性解读[M].北京:经济科学出版社,2016.

[29] 张天勇.社会符号化——马克思主义视阈中的鲍德里亚后期思想研究[M].北京:人民出版社,2008.

[30] 陈俊明.政治经济学批判——从《资本论》到《帝国主义论》[M].北京:中央编译出版社,2007.

[31] 王湘穗.赶超与遏制:中美博弈的历史逻辑[M].武汉:长江文艺出版社,2012.

[32] 黄力之.马克思主义与资本主义文化矛盾[M].开封:河南大学出版社,2010.

[33] 王淼.人类解放的追求[M].长春:吉林出版集团有限责任公司,2014.

[34] 徐海波.意识形态与大众文化[M].北京:人民出版社,2009.

[35] 张骥. 中国文化安全与意识形态战略 [M]. 北京: 人民出版社, 2010.

[36] 高岭. 商品与拜物: 审美文化语境中商品拜物教批判 [M]. 北京: 北京大学出版社, 2010.

[37] 肖云.《资本论》与市场经济问题研究 [M]. 北京: 经济科学出版社, 1999.

[38] 邓国春, 邱丹, 程镇岳.《资本论》与当代中国经济 [M]. 武汉: 湖北教育出版社, 1988.

[39] 郎咸平. 郎咸平说合集 [M]. 北京: 东方出版社, 2008.

[40] 李文成. 精神的让度: 试论精神商品及其生产 [M]. 开封: 河南大学出版社, 1999.

[41] 班建武. 符号消费与青少年身份认同 [M]. 北京: 教育科学出版社, 2010.

[42] 汪海波. 品牌符号学 [M]. 长春: 东北师范大学出版社, 2018.

[43] 韩震. 社会主义核心价值观五讲 [M]. 北京: 人民出版社, 2012.

[44] 西·弗洛伊德. 文明及其缺憾 [M]. 傅雅芳, 郝冬谨, 译. 合肥: 安徽文艺出版社, 1987.

[45] 柯林斯. 从优秀到卓越 [M]. 俞利军, 译. 北京: 中信出版社, 2002.

[46] 姜华. 大众文化理论的后现代转向 [M]. 北京: 人民出版社, 2006.

[47] 宋圭武. 面子文化与消费 [J]. 学习与研究, 2013 (5): 66-67.

[48] 郑红娥. 社会转型与消费革命: 中国城市消费观念的变迁 [M]. 北京: 北京大学出版社, 2006.

[49] 刘春雄. 新营销 [M]. 北京: 中华工商联合出版社, 2018.

[50] 刘永炬. 推广 [M]. 北京: 中国工人出版社, 2003.

[51] 任俊明,李立新,普元.新中国马克思主义哲学50年[M].北京:人民出版社,2006.

[52] 刘长林.内经的哲学和中医学的方法[M].北京:科学出版社,1982.

[53] 曹仰锋.海尔转型:人人都是CEO[M].北京:中信出版社,2014.

[54] 海尔企业文化中心.海尔品牌之路[M].青岛:青岛出版社,2005.

[55] 王培火,蔡冬冬,韩世友.科学品牌发展观[M].北京:人民出版社,2009.

[56] 蔡勇.简单即真诚:走出后现代传播语境的悖论——哲学反思与理论建构[M].北京:中国传媒大学出版社,2008.

[57] 陈晓明,杨鹏.结构主义与后结构主义在中国[M].北京:首都师范大学出版社,2001.

[58] 钱学森,吴义生.社会主义现代化建设的科学和系统工程[M].北京:中共中央党校出版社,1987.

[59] 王瑞吉,等.出位:海信PBI——产品同质化时代制胜五步法则[M].北京:企业管理出版社,2003.

[60] 郑林源.出位之后:消费者利益和价值论视野下的市场营销[M].北京:煤炭工业出版社,2010.

后 记（一）
哲学与市场营销——
我的市场营销理论创新之路

我长期致力于哲学与市场营销理论之间的关系的研究，力求从哲学上展开对市场营销理论的创新，现将研究思路总结如下，供有志于哲学与具体学科关系方向研究的人士参考。

一、明确哲学与其他学科的关系

我们在高中阶段学习《辩证唯物主义常识》，在大学阶段学习《辩证唯物主义和历史唯物主义》，都有哲学与具体科学关系的论述，这一点常常被许多学子忽视，有的人成为专家、教授后也不重视。

钱学森在论述现代科学技术系统时指出："目前科学技术的体系有九大部门，社会科学是其中一部门。九大部门，除了文艺理论，又可分为三个层次，即基础科学、技术科学（应用科学）、工程技术三个层次。社会科学的这三个层次通过历史唯物主义的桥梁，上升到人类知识的最高概括马克思主义哲学。"钱学森明确指出了哲学与具体学科关联的途径。

社会科学的各门学科,从来都不是中性的。特定历史条件下,为了引进西方管理理论、西方营销理论,策略性地提出这些学科是中性的,可以理解,但绝不是科学的态度,而是实用的态度。

二、不同哲学具有不同的哲学范式

中国道家的哲学认为,宇宙中自有一"道"贯之。中西不同哲学流派,对"道"的认识是不同的,这个"道"就是哲学范式。所以,我们必须明确:不同哲学具有不同的哲学范式。

一是要明确西方现代哲学分两支,一是理性主义(科学主义),一是非理性主义,二者共同的哲学范式是"单一主体—客体"。在此基础上,还要明确二者的区分。

我们知道,"认识"有两种,一是理性认识,一是感性认识。由感性认识上升到理性认识,才能找到真理,这是认识规律。无论是理性认识,还是感性认识,都是作为主体的人的认识。感性认识依靠感觉、知觉、表象等得出,理性认识靠概念、判断、推理等基本逻辑形式及数理逻辑等得出。西方理性主义强调的正是理性认识作为唯一或主要的认识方式,非理性主义则强调感性的认识才是主导的方式。非此即彼在哲学争论中表现得尤为突出。

"主体—客体"范式中,主体是单一主体。无论是理性主义的"主体—客体"范式,还是非理性主义的"主体—客体"范式,都是立足于单一主体如何认识、改造、征服自然与社会的。而马克思主义哲学则立足于交往实践中、生产劳动中，立足于劳动者是如何认识自然、如何治理社会、如何实现和谐的，即"主体—客体—主体"的范式。

二是要知道后现代主义产生的背景与特征。后现代主义产生是对现代主义抗争的结果，突出特征有两个：一是强调主体际，二是无客体底版。

三是明确中国传统哲学中的"主体—主体"范式是以人被"天"制约和控制为前提的。在生产力低下、改造自然的能力低、受到自然界各种威胁及生存条件差的环境下，人们处于解决温饱、维持温饱、求得生存的阶段，但中国人的先贤圣哲倡导以"天行健，君子自强不息"精神不断创新，通过和合实现社会的大同。这与中医哲学是不同的，中医哲学具有"主体—客体—主体"的范式。

三、明确哲学与市场营销理论的关系

市场营销学是从经济学中分离出来的并建立在数学、经济学、心理学、社会学等基础学科上的应用学科，而这些基础学科的理论构成了市场营销学的基础理论。市场营销学属于应用层次的学科，而在工程技术层次上有市场营销管理、推销学、广告学、公关学、市场调查、市场预测、经销商管理、促销实务、市场营销策划等学科，它们共同形成了一整套营销理论体系。哲学是市场营销理论体系的根本。西方市场营销基本理论来自西方市场经济条件下的实践总结，

品牌理论与哲学范式：交往实践唯物主义及哲学比较视阈

有其西方哲学的基础，即在市场营销学与哲学的联结上，西方市场营销学有其西方哲学的基础。要深刻领悟西方市场营销理论就有必要联系其西方哲学的基础，揭示西方营销理论所贯穿的西方哲学智慧是学科创新必须要做的基础工作。

多年来，我在困惑中思考和探索，逐渐总结出如下所述的个人体会：西方市场营销理论与西方哲学的关联，如菲利普·科特勒的营销理论体系是实用主义的，马克·E.佩里的品牌战略理论也是实用主义的；而营销传播理论是后现代主义的，那些独立的品牌理论、定位理论、关系营销理论不是蕴含着"主体—客体"的哲学范式就是蕴含着"主体—主体"的哲学范式。

明确和建立马克思主义哲学与市场营销理论的关联，是另一项必须要做的工作。改革开放以来，西方市场营销理论与中国本土市场营销实践相结合已有几十年，但中国特色市场营销思想和理论体系仍处于探索和创建阶段。当前，市场营销实践工作者遇到的"市场营销方法的深层困境现象"（即从西方引进了很多的营销理论、品牌理论，独立地看都很优秀，但不知道这么多的理论间有什么关联，实践中不知道该如何结合运用），正是中国特色市场营销理论形成和发展过程中的问题。在坚持马克思主义哲学前提下如何对西方市场营销学扬弃、如何整合创新以建立中国特色的市场营销学、如何走出"市场营销方法的深层困境"，是当前市场营销类学科理论发展面临的迫切的新课题、新任务。

我们开创有中国特色的市场营销思想和理论体系，自然要以马克思主义哲学为指导。以西方哲学为基础剖析西方市场营销理论，

后记（一） 哲学与市场营销——我的市场营销理论创新之路

不是为了全盘照搬西方市场营销理论，而是在理解西方市场营销理论的基础上，用马克思主义哲学的观点和方法吸收、改造其精华，以开创新的市场营销思想和理论体系。马克思主义哲学是开创中国特色市场营销思想和理论体系的智慧源泉。

在运用多学科知识尤其是运用马克思主义哲学交往实践思想和实践思维逻辑的方法论指导和推动营销实际问题解决的过程中，找到合理的市场营销理论创新路径是我们的目的。马克思主义哲学交往实践思想和实践思维逻辑方法论是推陈出新、开创中国特色的市场营销理论体系的直接智慧之根，也是必经的中介桥梁。马克思主义哲学研究者们的长期探索给了我们解决问题的钥匙，这就是交往实践唯物主义和《资本论》的逻辑。

四、将马克思主义哲学与市场营销理论深度关联

将马克思主义哲学与市场营销理论深度关联，即怎样将马克思主义哲学智慧贯穿于市场营销学这门具体学科中。

我最初的研究路径是：通过对各种西方市场营销理论的哲学解析到营销理论的整合，达到解决《出位：海信PBI——产品同质化时代制胜五步法则》提出的问题（即如何将各种西方营销理论整合起来的问题）的目的。然而，在深入思考、探索的过程中，我认识到整合的前提是各种市场营销的理论拥有本质类似的哲学基础，而我面临的是拥有不同哲学基础的各种市场营销理论，意味着这一路径行不通。而重建则意味着不同哲学基础的各种市场营销理论必须在

品牌理论与哲学范式：交往实践唯物主义及哲学比较视阈

同一哲学范式下实现统一。实际上，菲利普·科特勒做到了这一点。他建立了实用主义贯穿营销概念的营销理论体系，并用实用主义把后现代主义的营销传播理论体系中的范畴转化为实用主义营销理论体系的有机组成部分。具体来说，科特勒以实用主义将后现代的传播理论体系中的关键概念进行了改造，将后者变为其理论体系中的范畴，这当然是一种统一。

通过对西方营销理论的哲学解析，进而用马克思主义哲学来改造西方营销理论体系，同样可以实现营销理论重建的新路径。为实现这一路径，我在逻辑上经过两次演绎。

第一次演绎是将马克思主义哲学交往实践观应用于经济学科中，提出"消费者利益和价值论"作为中介理论。这么做的原因是：一方面，哲学的语言具体化到经济类学科，就需要用表达经济关系的语言来表达；另一方面，一些问题必须用多个经过具体化的中介理论来解决，如解决品牌问题，劳动价值论、消费者利益和价值论、广义符号理论同时运用才能给出合理的揭示（最初是不自觉地这么做的）。我在《出位之后：消费者利益和价值论视野下的市场营销》一书中建立营销理论体系框架时，仅仅认为以消费者利益和价值论作为中介理论而进行这样的理论演绎（具体化）就可以解决问题了。实际上，劳动价值论也在起作用，我当时没有认识到。劳动价值论是马克思主义哲学具体化的体现，属于经济学层面的范畴了。这里，存在着一个哲学范式的理解和比较问题。怎么理解马克思主义哲学的范式，怎么理解西方哲学的范式，关系着是否可以在同一个平台上进行比较、是否可以在同一口径下进行比较。否则，就没有可比

后记（一） 哲学与市场营销——我的市场营销理论创新之路

性，没有说服力。有幸的是，任平在对中西哲学范式比较上的理论研究给我提供了可以大用的思想工具。

第二次演绎是中介理论要进一步具体化或演绎，即在"消费者利益和价值论"等中介理论视野下对西方市场营销理论中的范畴重新界定，继而通过重新界定的范畴、概念，以及概念之间又通过判断与推理关系，从而形成逻辑的具体理论体系，实现重建市场营销理论体系。在这里，须采用哲学解析的方法建立一套新的市场营销理论的核心体系，其实质是消费者利益和价值论等中介理论在市场营销理论中的演绎——内化到关键概念中，如顾客价值、定位、品牌、关系营销、营销传播等（类似于冯友兰在《新理学》一书中的方法，虽然理、气、道、性、心、无极、太极等概念表面上还是中国哲学的概念，但内涵已经发生了变化）。这套核心体系于市场营销实践中应用就可以解决"如何走出市场营销方法的深层困境"的问题。这一环节有一个关键，即要掌握和在反思中理解西方市场营销理论，同时也要实现解构的目的。解构和建构是一体的，解构的目的是建构。不仅要掌握西方市场营销理论之术，更要理解西方市场营销理论之本（蕴含的哲学范式），这是进行真正扬弃的必要条件。在掌握和理解西方市场营销理论（尤其是关键概念——范畴及范畴间的关系）的哲学范式的基础上，以使非科学的、教条的、落后的市场营销思想和理论（包括范畴及其关系）被发现和批判。继而，将这些范畴重新界定，将范畴之间的内在联系通过新的哲学范式建立起来，建构起新的市场营销思想和理论体系。这样一来，旧理论体系就被解构了，被否定了。也就是说，肯定了旧理论体系中的概

品牌理论与哲学范式：交往实践唯物主义及哲学比较视阈

念形式（反映的事实关系或矛盾），而否定其概念中贯穿的哲学范式实质。这就是在中介理论下进行反思、比较的过程，这个过程也是创新的过程。也就是说，不对各种西方市场营销理论及其范畴所贯穿的哲学范式进行揭示，就不能比较优劣、先进与落后，新方案否定老方案的论据就不会充分。不对各种西方市场营销理论中的范畴重新界定，在马克思主义哲学范式下就不能建立新的范畴和理论体系。

通过以上这两个环节的逻辑转化，就可以将现代西方哲学的营销理论、后现代主义的营销理论范畴都改造为马克思主义哲学下的新营销理论体系中的范畴，使之有了全新的内涵，范畴之间有了全新的关系联结。这一思路正是《资本论》一书的逻辑思路。这是一个不仅能解决《出位：海信PBI——产品同质化时代制胜五步法则》一书提出的问题的方案，更是与社会主义市场经济相适应的理论方案。

郑林源

2019年9月

后 记（二）
探求品牌本质的历程

我的第一部专著《出位之后：消费者利益和价值论视野下的市场营销》于2010年出版，我在该书中提出了交往实践唯物主义的营销理论框架体系，在该体系中提出品牌是消费（社会）价值观的载体的观点。但是，我对该观点的论述是从哲学逻辑上的推导展开的，没有深入到经济和社会实践生动的具体化过程中展开。在品牌范畴的问题，我有两个方面没解决好：一是西方营销理论尤其是西方品牌理论所蕴含的哲学范式的问题；二是交往实践唯物主义视阈下品牌本质的理解问题。只有这两个方面解决好，马克思主义哲学交往实践观的品牌理论才能确立。

我从2009年开始有针对性地收集资料，利用每月出差京、津、冀、晋等地之机，在几地所有的图书市场展开搜集图书资料的活动，持续达4年时间。之后，我还从网络上不断搜集资料。我从2011年下半年开始思考上述的两个问题。回顾不懈的探索历程，每年研究一两个专题，在中国高等院校市场学研究会等学术组织的相关会议

品牌理论与哲学范式：交往实践唯物主义及哲学比较视阈

上交流（通过参加这些活动给自己的探索以压力和动力）。弹指一挥间，不知不觉又过了七八年。我没有刻意追求结果，也没有评职称的压力，只在此方向不断努力，精力放在一个个专题的研究上，不知不觉中有了结果。

2010年前后，国内在哲学与市场营销这个方向专门研究的专家、学者几乎没有。但是，不进行这个方向的研究，市场营销理论的中国化或根本创新是几乎不可能的。关于这一点，我有着清醒的认识和理论自觉。我是在企业营销实践中遇到上述问题并转向这一方向的理论研究的，怎样在解读营销理论的哲学范式上突破，我自2011年年底以来持续了8年的不懈思索。由于西方的品牌理论已经形成理论的丛林，不同的专家提出了表现各异的品牌理论，有的以概念形式存在于其营销理论体系中，构成其营销理论体系中的范畴，如菲利普·科特勒的品牌理论；更多的是以独立的品牌理论形式呈现出来，没有告知其哲学依据。我在困惑中思索，对品牌理论与哲学范式的探索历程如下所述。

菲利普·科特勒的营销理论体系有明确的"刺激—反应"哲学基础，解读其品牌的哲学范式并不难。马克·E.佩里的品牌战略理论有着明确的"手段—目的"哲学主线贯穿其中，理解其品牌理论也不困难。2011年年底，我写的《市场营销原理的哲学思考》一文（写于2011年，为参加当年在武汉召开的由湖北省市场营销学会组织的中国高等院校市场学研究会2011年教学年会而写并投稿）就是对上述两位学者的理论体系及其哲学范式的解读。在写作过程中，难点在于对营销传播理论和独立品牌理论的解读，比较长的一段时

后记（二） 探求品牌本质的历程

间无从下手，只好转向马克思主义哲学交往实践观下品牌本质的探索。《科学发展观视域下的品牌本质解析》（为参加中国高等院校市场学研究会 2013 年渤海大学学术年会而写并投稿）、《交往实践唯物主义视阈下的品牌与社会价值观》（为参加中国高等院校市场学研究会 2014 年宁夏大学学术年会而写并投稿）、《商标和品牌的本质解析——交往实践唯物主义和 < 资本论 > 视域》（为参加中国高等院校市场学研究会 2015 年哈尔滨工程大学学术年会而写并投稿）等几篇文章都是这一时期我个人探索、思考的产物。

2012—2015 年，我病了一场，在寻求中医方法的治疗过程中，看了《中医哲学的时代使命》一书，突生灵机，中医哲学范式与交往实践范式是否一致？这一灵机一动，激发了我去探索。《从交往实践观看中医定位对市场营销定位的启示》（为参加中国高等院院校市场学研究会 2015 年哈尔滨工程大学学术年会而写并投稿）、《中医哲学是构建当代商业文化的历史资源》（为参加第六届中国商业文化与管理学术会议而写并投稿）、《中医哲学与中医药品牌文化建设》（为参加中国高等院校市场学研究会 2017 年浙江财经大学学术年会而写并投稿）等几篇文章可看作是马克思主义哲学交往实践观下，我在中医药营销理论和实践中对品牌理论认识的具体化。

任平在《走向交往实践的唯物主义——马克思交往实践观的历史视域与当代意义》一书中提供的对西方哲学、马克思主义哲学范式的解读，始终是我用于解读西方品牌理论内在哲学范式的理论工具。

2014 年以来，我反复阅读《走向交往实践的唯物主义——马克

品牌理论与哲学范式：交往实践唯物主义及哲学比较视阈

思交往实践观的历史视域与当代意义》一书，并从孙正聿的《哲学导论》一书中获得启示，从而找到了解读营销传播理论和独立品牌理论的钥匙。《后现代主义三套理论体系》（为参加中国高等院校市场学研究会 2016 年南开大学学术年会而写并投稿）这篇文章的写作及西方现代哲学下的三大独立品牌理论的揭示，就得益于此。

我非常认同丰子义在《马克思视域下的资本逻辑批判》（王巍，2016）一书序中所说的，"可以说，资本的逻辑构成了现代社会的根本性逻辑。当代社会发展理论许多问题只能借助资本和资本逻辑来说明和解决"。怎样借助资本逻辑来说明品牌本质、品牌理论的作用，陈俊明的系列《资本论》研究的专著，尤其是《<资本论>经济行为理论的具体化》《政治经济学批判——从<资本论>到<帝国主义论>》给我以开启研究的钥匙，打开了我的研究思路。将交往实践唯物主义原理与《资本论》再次结合思考品牌问题，就有了《品牌理论与垄断资本全球化》（为参加中国高等院校市场学研究会 2018 年云南财经大学学术年会而写并投稿）一文。

2017—2018 年，我还写了《品牌的意义和价值》《广义符号理论与品牌符号》《西方现代主义品牌理论与消费主义》《当代中国的消费品牌化与消费主义》《海尔人单合一管理哲学与其品牌文化核心理念》等文章，逐渐形成了体系。

近年来，越来越多的专家、学者认识到"哲学与管理""文化与营销创新"的关系。2018 年 8 月初，在山东曲阜召开的第八届中国商业文化与管理学术会议期间，多位专家、学者找我交流哲学范式与管理、营销之间的关系，使我感到不少专家、学者对哲学与

后记（二） 探求品牌本质的历程

市场营销、管理之间的内在关联还存在困惑，找不到二者内在关联的钥匙。所以，现将近8年的关于品牌的研究成果系统地整理集结于本书中先期出版，为品牌问题解答提供理论方案，同时也可以使更多研究者有所获益，并且希望能对从事实践工作的企业管理者有所帮助。

感谢对我研究予以帮助的前辈和同道者，是他们的辛勤劳动和智慧给我以启发，照亮了我理论探索的前路，尤其是任平和陈俊明等，在此通过本书表达深深的敬意和感谢。

本书虽然字数不多、篇幅不大，却花费了我很大心血，本书中解决问题的哲学思路如果能对读到本书的读者有所启发，便是让我如愿以偿了。

郑林源

2019年9月